# DESIGN INSTRUCIONAL APLICADO À EDUCAÇÃO

✱ Os livros dedicados à área de Design têm projetos que reproduzem o visual de movimentos históricos. Neste módulo, as aberturas de partes e capítulos fazem referência aos letreiros do cinema mudo e às aberturas e aos encerramentos dos desenhos animados que lotaram as salas de exibição na primeira metade do século XX.

# DESIGN INSTRUCIONAL APLICADO À EDUCAÇÃO

Jorge Luiz Kimieck

intersaberes

**inter saberes**

Rua Clara Vendramin, 58 . Mossunguê . CEP 81200-170 . Curitiba . PR . Brasil
Fone: (41) 2106-4170 . www.intersaberes.com . editora@intersaberes.com

**Conselho editorial**
Dr. Alexandre Coutinho Pagliarini
Drª. Elena Godoy
Dr. Neri dos Santos
Mª. Maria Lúcia Prado Sabatella

**Editora-chefe**
Lindsay Azambuja

**Gerente editorial**
Ariadne Nunes Wenger

**Assistente editorial**
Daniela Viroli Pereira Pinto

**Preparação de originais**
Gilberto Girardello Filho

**Edição de texto**
Arte e Texto Edição e Revisão de Textos

**Capa**
Charles L. da Silva (design)
Krasovski Dmitri/Shutterstock (imagem)

**Projeto gráfico**
Bruno Palma e Silva

**Diagramação**
Andreia Rasmussen

**Designer responsável**
Luana Machado Amaro

**Iconografia**
Regina Claudia Cruz Prestes
Sandra Lopis da Silveira

Dados Internacionais de Catalogação na Publicação (CIP)
(Câmara Brasileira do Livro, SP, Brasil)

Kimieck, Jorge Luiz
  Design instrucional aplicado à educação / Jorge Luiz Kimieck. Curitiba, PR: Intersaberes, 2023.

  Bibliografia.
  ISBN 978-85-227-0406-4

  1. Design instrucional 2. Inovações educacionais 3. Tecnologia educacional I. Título.

22-140609                                                          CDD-371.33

Índices para catálogo sistemático:

1. Design instrucional : Educação 371.33

Eliete Marques da Silva - Bibliotecária - CRB-8/9380

1ª edição, 2023.

Foi feito o depósito legal.

Informamos que é de inteira responsabilidade do autor a emissão de conceitos.

Nenhuma parte desta publicação poderá ser reproduzida por qualquer meio ou forma sem a prévia autorização da Editora InterSaberes.

A violação dos direitos autorais é crime estabelecido na Lei n. 9.610/1998 e punido pelo art. 184 do Código Penal.

# SUMÁRIO

*Apresentação* 8
*Como aproveitar ao máximo este livro* 14

1 **Fundamentos do design instrucional** 20
  1.1 Design instrucional: bases conceituais 21
  1.2 Áreas de atuação do profissional em design instrucional 23
  1.3 Paradigma educacional centrado no aluno 26
  1.4 Metodologias ativas de aprendizagem 32

2 **Modelos de design instrucional** 62
  2.1 Processos do design instrucional: o modelo ADDIE 63
  2.2 Design instrucional fixo 67
  2.3 Design instrucional aberto 70
  2.4 Design instrucional contextualizado 72
  2.5 *Learning eXperience design* 74
  2.6 ARCS: modelo de design motivacional 82

3 **Detalhando o design instrucional** 92
  3.1 O que são unidades de aprendizagem? 93
  3.2 A matriz de design instrucional 94
  3.3 Trilhas de aprendizagem 102
  3.4 A avaliação no design instrucional 103

**4   O material didático no contexto do design instrucional** 116

    4.1   A elaboração de material didático para o ensino a distância 117

    4.2   As linguagens da imagem e do som na produção audiovisual 127

**5   Design de conteúdos multimídia** 142

    5.1   O que é multimídia? 143

    5.2   Autoria em multimídia 148

    5.3   O papel da multimídia no design instrucional 153

    5.4   Princípios para aplicação da multimídia no design instrucional 163

    5.5   Estudo de caso: desenvolvimento de multimídia para um projeto em EaD 166

**6   A animação como recurso de aprendizagem** 178

    6.1   Animação e aprendizagem 179

    6.2   Princípios básicos da animação 184

    6.3   Aplicação da animação na educação 191

    6.4   Design de animação educacional 194

*Considerações finais* 210

*Lista de siglas* 216

*Glossário* 218

*Referências* 222

*Respostas* 230

*Sobre o autor* 236

# APRESENTAÇÃO

Nos últimos anos, temos vivenciado uma expansão tecnológica relativa ao uso dos meios digitais, especialmente devido às facilidades de acesso às redes informacionais, que têm agregado papéis antes destinados ao rádio, à televisão, entre outros meios de disseminação de informações. Nesse sentido, surgiu um novo tipo de consumidor: o nativo digital, isto é, aquele que já nasceu com o pleno acesso aos meios digitais.

Esse novo consumidor segue a premissa de se utilizar das potencialidades propiciadas pelas redes para acessar informações e encontrar soluções para as mais diversas situações de seu cotidiano. E considerando esse novo panorama, o processo educacional também tem se transformado. Por essa razão, é de fundamental importância que haja uma nova leitura e sistematização de como adequar e criar novas formas de ensinar e aprender diante do uso massificado dessas novas tecnologias, mediante a proposição de estratégias e de processos fundamentados no design instrucional (DI).

Sob essa ótica, o novo cenário também demanda um profissional que tenha bases sólidas na criação e na produção de conteúdos direcionados ao autoaprendizado, característica fundamental a ser levada em conta no ensino a distância (EaD) e na aprendizagem eletrônica. Tal profissional, denominado *designer instrucional*, desempenha um papel de extrema importância nesse processo.

Com base nesses princípios, no que diz respeito aos processos educacionais e às tecnologias emergentes, esta obra tem a finalidade de direcionar o olhar de designers e demais profissionais envolvidos com a aprendizagem eletrônica. A orientação que pretendemos fornecer será subsidiada por fundamentações teóricas, pela apresentação dos principais modelos de DI e pela abordagem dos conceitos relacionados à produção de material didático para EaD. Além disso, analisaremos o design de conteúdos multimídia e a produção de animação empregada como recurso de aprendizagem, na intenção de gerar novos *insights* que levem a formas criativas de ensinar e aprender com os meios digitais.

Diante do exposto, esta obra está dividida em seis capítulos, da seguinte forma:

No Capítulo 1, vamos nos dedicar a compreender os fundamentos do DI, assim como as áreas de atuação do designer instrucional. Tendo em mente as novas formas de ensinar e aprender, também abordaremos o paradigma centrado no aluno e as metodologias ativas, tais como o ensino híbrido, a sala de aula invertida, a gamificação e as abordagens de aprendizagem baseadas em problemas e em projetos.

Dando continuidade ao nosso aprendizado, no Capítulo 2, exploraremos os modelos de DI e apresentaremos as principais características dos modelos de DI fixo, aberto e contextualizado, além da metodologia ADDIE, do *learning eXperience design* (LXD) e do modelo de design motivacional ARCS.

No Capítulo 3, detalharemos um pouco mais os processos que envolvem o DI. Apresentaremos as unidades de aprendizagem (UAs) e veremos como criar matrizes de DI. Pensando especificamente nos objetivos de aprendizagem, fundamentais no processo de elaboração de módulos ou disciplinas *on-line*, vamos nos fundamentar na taxinomia de Bloom, por meio dos conceitos referentes aos domínios afetivo, cognitivo e psicomotor. Além disso, abordaremos os conceitos de trilhas de aprendizagem, suas aplicações e os tipos de avaliação utilizados nos diferentes modelos de DI.

No Capítulo 4, vamos estudar a elaboração de material didático para educação a distância. Nessa ótica, conheceremos as principais ferramentas relacionadas a essa temática, a exemplo da criação de roteiros e de *storyboards*. Considerando que grande parte dos materiais didáticos envolvem, de alguma forma, produtos audiovisuais como recursos de aprendizagem, abordaremos os principais conceitos da linguagem audiovisual.

No Capítulo 5, analisaremos a multimídia e seus principais conceitos e princípios de aplicação no DI, bem como discutiremos sobre os processos de autoria em multimídia. Apresentaremos um estudo de caso acerca do desenvolvimento de elementos multimídia criados especialmente como objetos de aprendizagem (OAs) para um curso de EaD, procurando estabelecer relações entre sua aplicabilidade prática e os fundamentos abordados nesta obra.

No Capítulo 6, finalizaremos nossos estudos verificando as aplicações da animação como recurso de aprendizagem. Assim, abordaremos as bases e os princípios da aprendizagem com animação focando nos elementos fundamentais da teoria cognitiva da aprendizagem multimídia. Pensando no leitor que ainda não tem um conhecimento mais aprofundado de design de animação, dedicaremos uma seção específica a respeito dos princípios fundamentais da animação. Refletiremos, também, sobre as principais vantagens da aprendizagem com animação. Por fim, vamos propor um processo de design de animação educacional, integrando técnicas e processos próprios do design aos conceitos e princípios para a criação de animações instrucionais.

Esperamos que, ao término da leitura desta obra, você disponha das bases e dos fundamentos necessários para se dedicar à importante missão de criar soluções instrucionais criativas e inovadoras, que contribuam de forma significativa para a construção do conhecimento.

# COMO APROVEITAR AO MÁXIMO ESTE LIVRO

Empregamos nesta obra recursos que visam enriquecer seu aprendizado, facilitar a compreensão dos conteúdos e tornar a leitura mais dinâmica. Conheça a seguir cada uma dessas ferramentas e saiba como elas estão distribuídas no decorrer deste livro para bem aproveitá-las.

CONTEÚDOS DO CAPÍTULO

Logo na abertura do capítulo, relacionamos os conteúdos que nele serão abordados.

APÓS O ESTUDO DESTE CAPÍTULO, VOCÊ SERÁ CAPAZ DE:

Antes de iniciarmos nossa abordagem, listamos as habilidades trabalhadas no capítulo e os conhecimentos que você assimilará no decorrer do texto.

PARA SABER MAIS

Sugerimos a leitura de diferentes conteúdos digitais e impressos para que você aprofunde sua aprendizagem e siga buscando conhecimento.

PRESTE ATENÇÃO!

Apresentamos informações complementares a respeito do assunto que está sendo tratado.

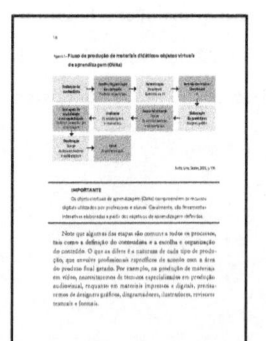

IMPORTANTE

Algumas das informações centrais para a compreensão da obra aparecem nesta seção. Aproveite para refletir sobre os conteúdos apresentados.

## SÍNTESE

Ao final de cada capítulo, relacionamos as principais informações nele abordadas a fim de que você avalie as conclusões a que chegou, confirmando-as ou redefinindo-as.

## QUESTÕES PARA REVISÃO

Ao realizar estas atividades, você poderá rever os principais conceitos analisados. Ao final do livro, disponibilizamos as respostas às questões para a verificação de sua aprendizagem.

## QUESTÕES PARA REFLEXÃO

Ao propor estas questões, pretendemos estimular sua reflexão crítica sobre temas que ampliam a discussão dos conteúdos tratados no capítulo, contemplando ideias e experiências que podem ser compartilhadas com seus pares.

ABOUT

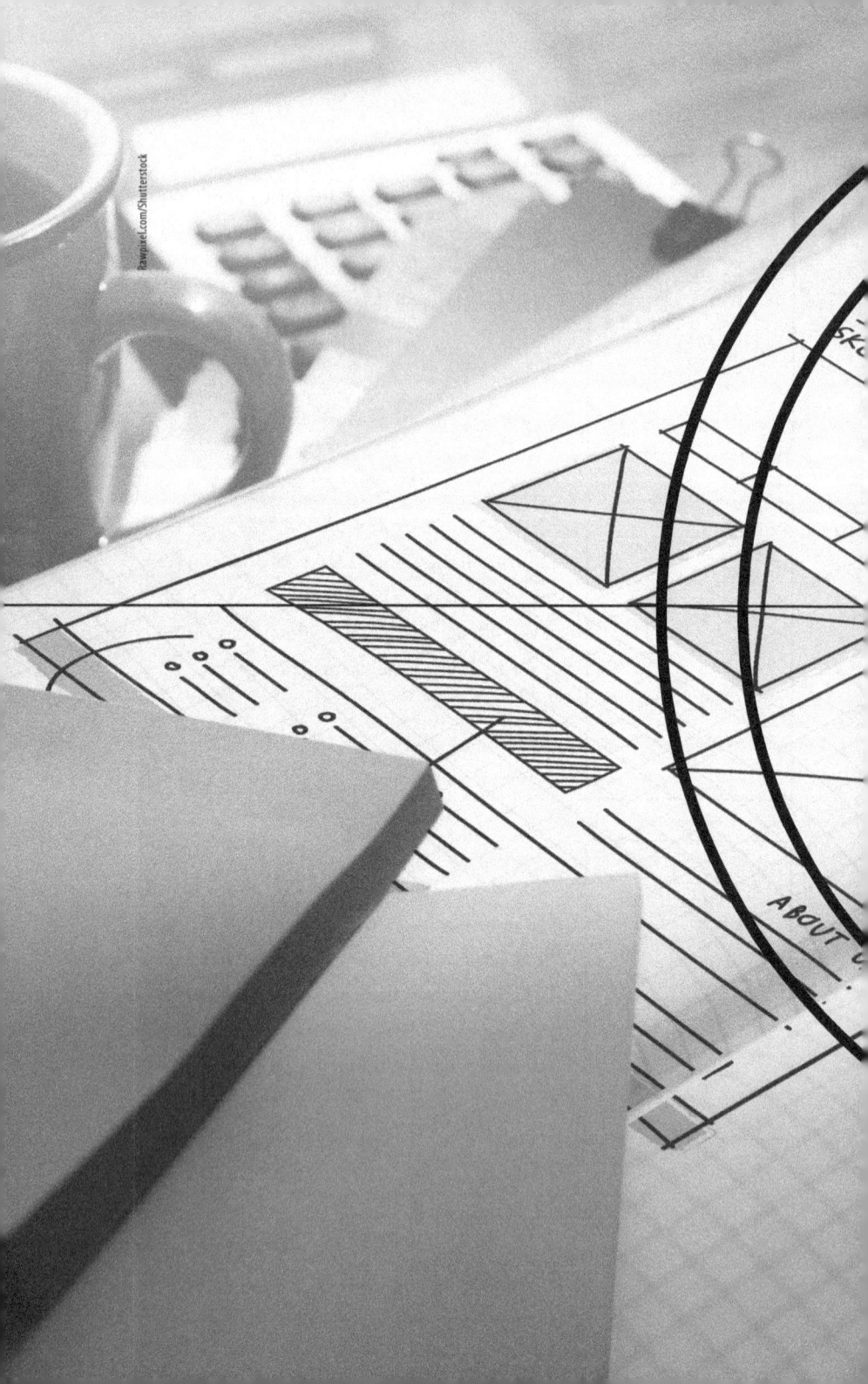

# CAPÍTULO 1

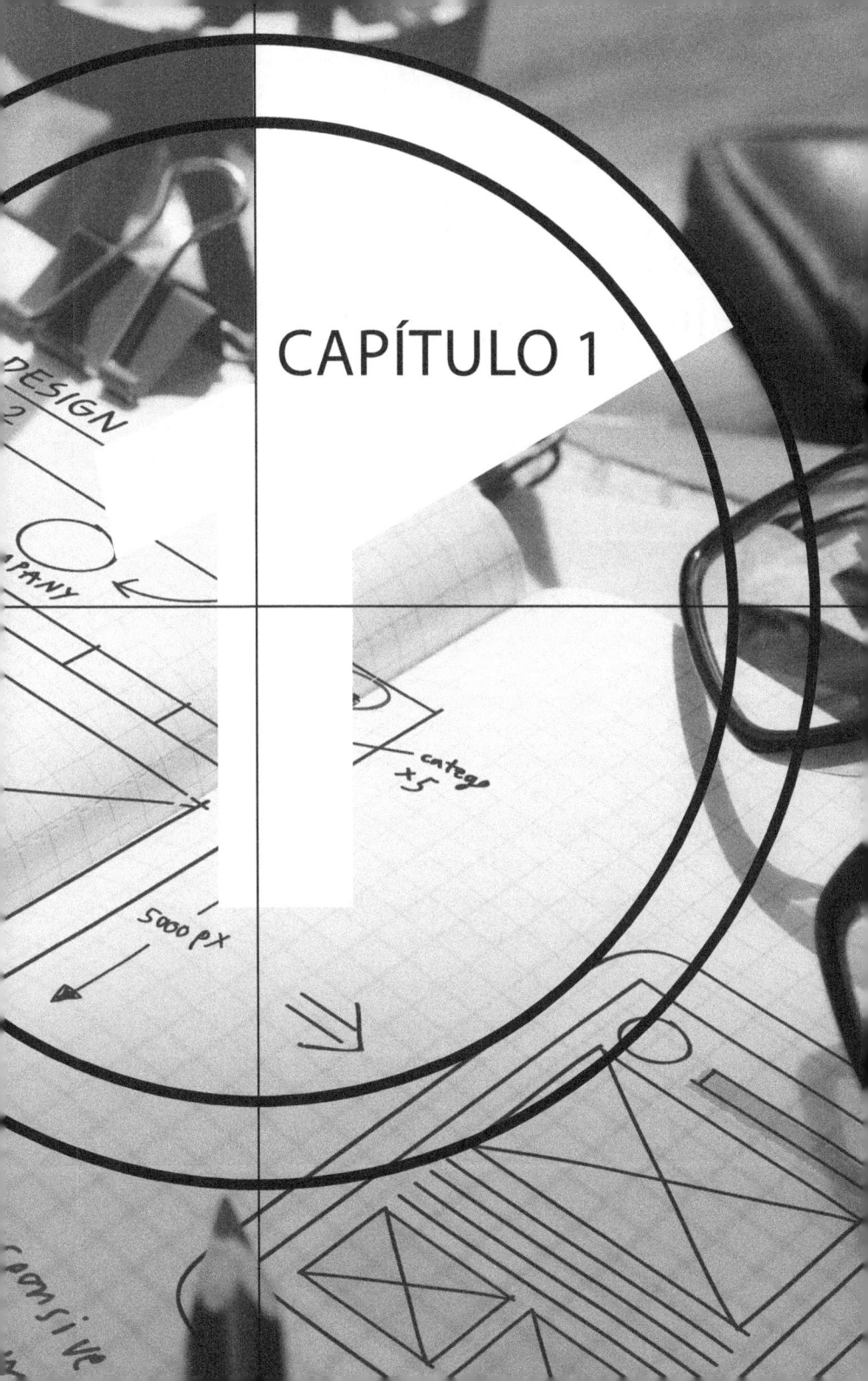

# FUNDAMENTOS DO DESIGN INSTRUCIONAL

CONTEÚDOS DO CAPÍTULO:
- Bases fundamentais do design instrucional?
- Áreas de atuação do designer instructional.
- Novos paradigmas e metodologias para o aprendizado.

APÓS O ESTUDO DESTE CAPÍTULO, VOCÊ SERÁ CAPAZ DE:
1. explicar os fundamentos do design instrucional;
2. diferenciar as áreas de atuação do profissional de design instrucional;
3. compreender o paradigma educacional centrado nas pessoas;
4. indicar as metodologias ativas de aprendizagem.

Neste capítulo, abordaremos os fundamentos do design instrucional (DI) e as áreas nas quais o designer instrucional atua, bem como as competências e habilidades necessárias para esse profissional. Apresentaremos o paradigma educacional centrado no aluno e as metodologias ativas, enfocando, principalmente, a sala de aula invertida, a gamificação, o ensino híbrido e as abordagens de aprendizagem baseada em projetos e em problemas. O principal objetivo é fundamentar o leitor quanto às novas formas de ensinar e aprender em busca de uma educação disruptiva, a fim de que estas possam ser aplicadas na criação de soluções em DI.

## 1.1 Design instrucional: bases conceituais

Antes de abordarmos especificamente os conceitos de DI, precisamos compreender que *design* se refere ao resultado de um processo ou atividade que atende requisitos relacionados à forma e à função de um produto ou serviço, os quais são desenvolvidos com determinados propósitos e intenções. Por outro lado, o termo *instrução* diz respeito às atividades correlacionadas aos processos educacionais mediados pela comunicação.

Dessa forma, Filatro (2008, p. 3) define DI como a "ação intencional e sistemática de ensino que envolve o planejamento, o desenvolvimento e a aplicação de métodos, técnicas, atividades, materiais, eventos e produtos educacionais em situações didáticas específicas, a fim de promover [...] a aprendizagem humana". Podemos então dizer que, no DI, o processo de instrução é melhorado por meio da análise das necessidades de aprendizagem e do desenvolvimento sistemático de experiências de aprendizagem. Assim, ele envolve um sistema de avaliação de necessidades, a concepção de um processo, a criação de materiais e a avaliação de sua eficácia.

Tendo em vista esse contexto, o DI abrange atividades que vão desde a análise até a avaliação, sendo que sua prática pode ocorrer em três níveis: **macro, meso** e **micro**. No nível macro, incluem-se todas as experiências de aprendizagem que ocorrem em uma instituição ou em um departamento, além de ações propostas por entidades governamentais. Já o nível meso está concentrado nas atividades que envolvem a estruturação de programas, cursos ou disciplinas. E no nível micro, o DI foca nos detalhamentos de unidades de estudo (Filatro, 2008).

Situando o DI como uma teoria, podemos afirmar que sua fundamentação se baseia em três áreas do conhecimento: nas **ciências humanas**, por meio dos estudos comportamentais com ênfase na psicologia; nas **ciências da informação**, ao abordar questões relativas aos processos comunicacionais, à gestão da informação, à ciência da computação e aos sistemas audiovisuais; e nas **ciências da administração**, por meio da abordagem sistêmica, da engenharia de produção e da gestão de projetos.

Em síntese, o DI integra vários campos do conhecimento e considera a prática educacional para combinar, processar e apresentar a informação de forma contextualizada, na busca por soluções de aprendizagem mediadas pelos recursos tecnológicos.

## 1.2 Áreas de atuação do profissional em design instrucional

Considerando que o DI se baseia nas teorias da aprendizagem e na pedagogia/andragogia, o profissional dessa área é o designer instrucional. No Brasil, de acordo com a Classificação Brasileira de Ocupações (CBO), é denominado *designer educacional* e faz parte do grupo 2394 – Programadores, avaliadores e orientadores de ensino (Ocupações, 2022). Conforme a CBO, o profissional também pode ser denominado *desenhista instrucional*, *designer instrucional* ou *projetista instrucional*. Os profissionais listados neste grupo:

> Implementam, avaliam, coordenam e planejam o desenvolvimento de projetos pedagógicos/instrucionais nas modalidades de ensino presencial e/ou a distância, aplicando metodologias e técnicas para facilitar o processo de ensino e aprendizagem. Atuam em cursos acadêmicos e/ou corporativos em todos os níveis de ensino para atender as necessidades dos alunos, acompanhando e avaliando os processos educacionais. Viabilizam o trabalho coletivo, criando e organizando mecanismos de participação em programas e projetos educacionais, facilitando o processo comunicativo entre a comunidade escolar e as associações a ela vinculadas. (Ocupações, 2022)

---

**PRESTE ATENÇÃO**

O termo *andragogia* foi criado pelo pedagogo alemão Alexander Kapp (1799-1869), em sua obra *Platon's Erziehungslehre* (em tradução livre, *A teoria da educação de Platão*), publicada em 1833 e difundida mais tarde por Malcolm Shepherd Knowles (1913-1997), considerado o pai da andragogia. Resumidamente, trata-se da ciência que estuda as práticas educacionais voltadas à educação de adultos.

---

O designer instrucional atua com base nas três áreas de fundamentação do DI, já citadas anteriormente, por meio de competências interdisciplinares que, conforme a International Board of Standards for Training, Performance and Instruction (IBSTPI, 2012), dividem-se nas seguintes categorias: fundamentos profissionais; planejamento e análise; design e desenvolvimento; avaliação e implementação e gestão.

Com base em tais categorias, são elencadas 22 competências, conforme indicamos no Quadro 1.1.

Quadro 1.1 – **Competências do designer instrucional de acordo com a IBSTPI**

| Fundamentos profissionais |
|---|
| 1. Comunicar-se de forma efetiva nas formas visual, oral e escrita (essencial) |
| 2. Aplicar pesquisa e teoria à disciplina design instrucional (avançado) |
| 3. Atualizar e melhorar conhecimentos, habilidades e atitudes referentes ao processo de design instrucional e áreas afins (essencial) |
| 4. Aplicar habilidades de coleta e análise de dados em projetos de design instrucional (avançado) |
| 5. Identificar e responder às implicações éticas, legais e políticas do design em local de trabalho (essencial) |
| **Planejamento e análise** |
| 6. Conduzir uma avaliação das necessidades para recomendar o design apropriado, bem como soluções e estratégias (avançado) |
| 7. Identificar e descrever a população-alvo e as características ambientais (essencial) |
| 8. Selecionar e usar técnicas de análise para determinar conteúdos instrucionais (essencial) |
| 9. Analisar as características das tecnologias existentes e emergentes e seu uso potencial (essencial) |
| **Design e desenvolvimento** |
| 10. Usar processos de design e desenvolvimento instrucional apropriados para um determinado projeto (essencial) |
| 11. Organizar programas instrucionais e/ou produtos a serem desenvolvidos e avaliados (essencial) |
| 12. Desenhar intervenções instrucionais (essencial) |
| 13. Planejar intervenções não instrucionais (avançado) |
| 14. Selecionar ou modificar materiais de instrução existentes (essencial) |
| 15. Desenvolver novos materiais de instrução (essencial) |
| 16. Avaliar a aprendizagem (avançado) |

*(continua)*

*(Quadro 1.1 – conclusão)*

| Avaliação e implementação |
|---|
| 17. Avaliar intervenções instrucionais e não instrucionais (avançado) |
| 18. Revisar soluções instrucionais e não instrucionais baseadas em dados (essencial) |
| 19. Implementar, disseminar e difundir intervenções instrucionais e não instrucionais (avançado) |
| **Gestão** |
| 20. Aplicar habilidades de negócios para gerenciar a função de designer instrucional (gerencial) |
| 21. Gerenciar parcerias e relacionamentos colaborativos (gerencial) |
| 22. Planejar e gerenciar projetos de design instrucional (avançado) |

Fonte: IBSTPI, 2012, p. 2-5, tradução nossa.

Com base nessas competências, o designer instrucional pode atuar nos campos em que a educação é a **atividade-fim**, como nos ensinos fundamental, médio e superior, na educação profissionalizante, no ensino de idiomas, artes, música, entre outros, assim como na área da produção de livros didáticos, *softwares* educacionais etc.

Nos campos em que a educação é **atividade-meio**, o designer instrucional pode atuar em projetos relacionados à educação executiva, no desenvolvimento e treinamento de funcionários e demais atores do processo produtivo, bem como em projetos educacionais promovidos por organizações não governamentais (ONGs), pela Administração Pública, entre outros. Ou seja, há um vasto campo de atuação nos quais o designer instrucional é tido como peça-chave para o desenvolvimento e a implementação de iniciativas educacionais intencionais.

## 1.3 Paradigma educacional centrado no aluno

Diante de um cenário em que as novas tecnologias digitais de informação e comunicação (NTDIC) estão cada dia mais presentes na vida cotidiana, devemos repensar a maneira como ensinamos e aprendemos ante as necessidades educacionais da nossa sociedade.

Isso significa que os educadores devem auxiliar no processo de mudança de paradigmas: a figura do professor como transmissor do conhecimento aos alunos em um papel passivo de mero receptor deve dar lugar a um paradigma centrado no aluno, que tem suas necessidades individuais de aprendizagem atendidas e é inserido no centro do processo de ensino-aprendizagem como protagonista da construção do seu conhecimento. Nesse âmbito, ao professor cabe a função de orientador, promotor e motivador do uso das metodologias ativas e dos recursos tecnológicos.

Nessa ótica, a Figura 1.1 sintetiza as mudanças e a evolução das formas de ensino que ocorreram ao longo dos anos, desde a educação 1.0, no século XII, até a educação 4.0 alinhada às necessidades do século XXI, como o uso da internet 4.0, da internet das coisas (IoT), dos *cobots* (robôs colaborativos), do *big data* e demais tecnologias emergentes.

Figura 1.1 – **Evolução das formas de ensino**

| 1.0 Século XII | 2.0 Final do Século XVIII | 3.0 Final dos anos 1990 | 4.0 Início do Século XXI |
|---|---|---|---|
| Ensino em locais físicos Professor como centro do processo educacional Alunos passivos | Ensino em massa Influenciado pela Revolução Industrial Ensino especializado Focado em disciplinas Professor como centro do processo educacional Alunos passivos | Ensino baseado na aliança entre tecnologia e educação Uso da internet e das NTICs O professor deixa de ser o centro e passa a ser o organizador do processo O aluno assume o protagonismo Processo de ensino-aprendizagem coletivo e compartilhado | Ensino baseado na revolução tecnológica e na cultura *maker* Uso de metodologias ativas Baseada em criatividade e inventividade, ambientes de experimentação Aluno no centro do processo de ensino-aprendizagem Professor orientador, promotor e motivador do uso das metodologias ativas e dos recursos tecnológicos |
| **Recursos de aprendizagem** | | | |
| Fala dos mestres | Livros, cadernos, apostilas, quadro-negro e giz | Internet – web 1.0, 2.0 e 3.0 Novas tecnologias de informação e comunicação | Internet 4.0, IoT, AI, *Cobots*, *Big Data* etc. |

Ainda refletindo a educação 1.0, na qual o professor era o centro do processo educacional, ao final do século XVIII, o sistema educacional, influenciado pela Revolução Industrial, era voltado para o ensino em massa e buscava uma padronização, sendo projetado para classificar os alunos, forçando-os a seguir adiante conforme o aprendizado da turma, ou seja, mesmo que não tivessem aprendido o conteúdo estabelecido. Essa realidade gerava *déficits* de aprendizagem e contribuía com eventuais desistências. Já a partir do início do século XXI, o ensino passou a ser baseado na revolução tecnológica e na cultura *maker*, estimulando a criatividade e a inventividade por meio de ambientes em que o aluno possa vivenciar e experimentar o conhecimento de forma prática, além de estar no centro do processo de ensino-aprendizagem.

Em um paradigma educacional centrado no aluno, é necessário promover uma "nova forma de fazer educação: personalizada, relevante, engajadora e acessível a todos aqueles que querem/precisam aprender" (Filatro et al., 2019, p. 45). Essa nova forma precisa ser planejada de acordo com alguns princípios fundamentais. Desse modo, Reigeluth, Myers e Lee (2016) propõem cinco princípios fundamentais para o DI em um paradigma centrado no aluno:

- **Instrução baseada em realização:** O progresso do aluno considera a aprendizagem, e não o tempo.
- **Instrução baseada na tarefa:** A instrução deve ser organizada em torno do desempenho de tarefas autênticas.
- **Instrução personalizada:** Requer ensinar coisas diferentes para alunos diferentes a qualquer momento.
- **Mudança de papéis:** Os papéis de professor, aluno e tecnologia devem ser transformados.
- **Mudança do currículo:** Este deve ser ampliado e reorganizado.

Assim, ao se pensar em um DI centrado no aluno, tais princípios devem ser levados em conta, a fim de propiciar aos alunos que alcancem os objetivos de aprendizagem, bem como que sejam avaliados por sua competência e proficiência, em vez de terem seus progressos comparados aos de outros alunos. Isso se dá por meio da proposição de um ambiente no qual a maioria das instruções seja organizada em torno do desempenho de uma tarefa, a qual, conforme Reigeluth, Myers e Lee (2016), deve ser

- de grande interesse do aluno e relevante para a vida dele; preferencialmente, deve ser projetada ou selecionada pelo aluno em conjunto com o professor;
- alinhada aos objetivos de aprendizagem do aluno;
- de duração significativa (semanas ou até meses);
- incorporada a um ambiente imersivo (real ou virtual); e
- autêntica ou realista, o que normalmente as torna interdisciplinares.

Quando a tarefa for demasiada difícil para o aluno, será preciso utilizar um *scaffolding*, termo em inglês que significa "andaime" e que corresponde ao conjunto de técnicas que permitem apoiar os alunos temporariamente para que possam atingir os objetivos de aprendizagem. Como em um andaime físico, tais apoios são gradualmente retirados, possibilitando que os alunos adquiram maior liberdade em seus processos de aprendizagem.

Dessa forma, são propostos três tipos de *scaffolding*:

- **Ajuste:** A complexidade da tarefa sofre ajustes para que não seja muito desafiadora nem muito fácil para o aluno. Isso é feito por meio da identificação das condições que fazem com que algumas situações do mundo real sejam mais simples do que outras. Aqui, as informações sobre as realizações dos alunos podem ser utilizadas para determinar o nível de complexidade mais adequado à tarefa.

- *Coaching*: Deve-se fornecer informações para que o aluno consiga realizar as tarefas, dando-lhe o suporte necessário.
- **Tutoria:** Quando o aluno tem uma tarefa difícil de ser realizada, mesmo com o apoio do *coaching*, devem ser fornecidas mais informações *just in time* até que a realização da tarefa seja dominada.

A instrução personalizada pressupõe maximizar a aprendizagem respeitando os objetivos, o tipo das tarefas, o *scaffolding* proporcionado e os processos avaliativos aplicados em sua realização. É importante ressaltar que a instrução personalizada deve ser baseada no nível de competência dos alunos, nos objetivos de aprendizagem, no desenvolvimento de carreira, nos interesses pessoais, entre outras características.

Sob essa ótica, podemos estabelecer cinco princípios para uma instrução personalizada, como demonstrado no Quadro 1.2.

Quadro 1.2 – **Princípios para uma instrução personalizada**

| I | Metas |
|---|---|
| Longo prazo: focadas nos objetivos de vida ou de carreira do aluno. | |
| Curto prazo: metas que devem ser atingidas para que o aluno avance ao próximo nível. | |
| II | Ambiente de tarefas |
| Personalizado e com autorregulação de acordo com os objetivos de aprendizagem, a fim de propiciar um nível de colaboração por meio do qual o aluno possa decidir sobre a formação e a integração em equipes de trabalho conforme suas necessidades e preferências. | |
| 3 | *Scaffolding* |
| Baseado nos aspectos de quantidade e qualidade de *coaching* considerando as necessidades do aluno. | |

*(continua)*

*(Quadro 1.2 – conclusão)*

| 4 | Avaliação |
|---|---|
| Possibilidade de escolher um assessor de *performance*, que pode ser um professor, um sistema de computador ou um especialista externo, além da seleção do formato para demonstrar sua competência. | |
| **5** | **Reflexão** |
| O aluno deve ter a possibilidade de refletir sobre o processo e os resultados da tarefa realizada. | |

Fonte: Elaborado com base em Reigeluth; Myers; Lee, 2016.

Para que possamos implementar soluções em DI fundamentadas em tais princípios, devemos considerar a necessidade de promover uma mudança significativa nos papéis dos atores envolvidos nesse processo. Conforme definem Reigeluth e Karnopp (2013), os professores deixam de atuar como o *"sage on the stage"* (o "sábio no palco") e passam a agir como o *"guide on the side"* (o "guia ao lado"). Ou seja, o professor deve ser um codesigner, um facilitador e um mentor motivacional do aluno, o qual, por sua vez, passa de um papel passivo e dirigido pelo professor para assumir uma postura ativa e protagonista, responsabilizando-se por sua aprendizagem. Sob essa perspectiva, as ferramentas tecnológicas passam a atender primariamente às necessidades do aluno por meio de quatro funções principais: o planejamento para a aprendizagem pessoal; a instrução para a aprendizagem fornecendo ambientes imersivos e agentes pedagógicos virtuais; a avaliação; e o registro de realizações individuais.

O currículo também deve ser repensado, pois no paradigma centrado nos alunos, a instrução deve abordar todos os aspectos importantes ao desenvolvimento de cada um. Isso inclui o desenvolvimento emocional, social e de caráter, bem como o desenvolvimento cognitivo e físico. De acordo com Filatro et al. (2019), o currículo precisa ser expandido e considerar novos tipos de aprendizagem relacionados às *soft* e *hard skills* de que o indivíduo necessita perante os desafios do século XXI. Além disso, também deve ser reestruturado, sendo organizado em torno dos seguintes pilares: pensamento efetivo, ação, relacionamentos e realizações.

A partir dos princípios e dos fundamentos trabalhados no paradigma centrado no aluno, veremos a seguir as metodologias ativas de aprendizagem, as quais pressupõem mudanças nas formas de ensinar e aprender, uma vez que inserem o aluno no papel central de sua aprendizagem.

## 1.4 Metodologias ativas de aprendizagem

Considerando as formas de ensino tradicionais, observamos que os alunos assumem uma postura passiva diante dos professores que têm o papel central no processo pedagógico (*"sage on the stage"*), isto é, que atua como um transmissor de conteúdo. Verificamos que, a partir do final do século XIX e de meados do século XX, as novas tecnologias de informação e comunicação passaram a integrar os ambientes escolares, interferindo na dinâmica cotidiana da escola. Isso porque as aulas passaram a ter um caráter mais flexível, alternando-se entre ensino presencial e a distância. Dessa forma, o professor também sofreu modificações em suas funções, já que começou a atuar mais como um organizador do processo de aprendizagem, ao passo que os alunos passaram a ter um papel mais ativo, responsabilizando-se por sua aprendizagem, como já mencionado.

Já no final do século XX e início do século XXI, as novas tecnologias, como internet 4.0, IoT, inteligência artificial (IA), entre outras, estabeleceram novos desafios para a educação, pois os processos educacionais começaram a focar no desenvolvimento de habilidades para que os indivíduos possam ter mais autonomia e capacidade de solucionar problemas e aprendam de forma prática, ou seja, pela experiência de aprendizagem obtida em projetos colaborativos – assumindo seu próprio protagonismo.

Nesse cenário, as metodologias ativas alteraram os papéis dos atores no processo de ensino-aprendizagem. Os alunos assumiram um papel ativo e protagonista, enquanto os professores se tornaram organizadores e orientadores do processo (*"guide on the side"*). Com base nisso, discutiremos na sequência algumas das estratégias que compõem o universo das metodologias ativas de aprendizagem.

### 1.4.1 A sala de aula invertida

As primeiras iniciativas de sala de aula invertida (*classroom flipped*) foram registradas na década de 1990 nas universidades de Harvard, em Cambridge/Massachusetts, e Yale, em New Haven/Connecticut. Conforme Baker (2000), nessa abordagem metodológica, algumas tarefas são realizadas fora do ambiente da sala de aula ou, ainda, de forma *on-line*. Para isso, a dinâmica da sala de aula deve ser alterada, incrementando o tempo de aprendizagem ativa por meio da reestruturação em relação à sala de aula tradicional.

Ou seja, no modelo invertido, em uma aula de 50 minutos, os primeiros 20 minutos são dedicados a atividades de aquecimento, explicações e correções de tarefas realizadas em casa, seguidos de mais 20 a 30 minutos para a exposição de novos conteúdos. Caso sobre algum tempo ao final da aula, este pode incluir experiências práticas.

Ou seja, a dinâmica e o uso do tempo em uma sala de aula invertida ampliam a possibilidade do exercício prático, conforme podemos comparar no Quadro 1.3.

Quadro 1.3 – **Comparação do uso do tempo nas salas de aula tradicional (à esquerda)** *versus* **invertida (à direita)**

| | | | |
|---|---|---|---|
| Momento inicial motivacional | 5 minutos | Momento inicial motivacional | 5 minutos |
| Correção das atividades propostas para casa | 15 minutos | Discussão sobre o conteúdo visto em casa | 10 minutos |
| Exposição oral ou leitura sobre o conteúdo | 20-30 minutos | Apresentação e esclarecimentos de dúvidas | 10 minutos |
| Práticas em sala de aula (individuais ou coletivamente) | 10 minutos (Se o tempo da aula não for bem cronometrado, há uma grande probabilidade de não sobrar esse tempo) | Práticas em sala de aula (individuais ou coletivamente) | 25 minutos |

Fonte: Andrade et al., 2019, p. 13.

Essa otimização do tempo torna-se viável pelo fato de o conteúdo ser antecipado de forma *on-line*. Dessa forma, ao comparecerem à aula presencial, os alunos participam de trabalhos colaborativos e coletivos, sendo orientados pelo professor, que assume o papel de organizador e orientador do processo, conforme comentamos anteriormente quando tratamos dos papéis em um paradigma educacional centrado no aluno. Nesse processo, os conteúdos com os quais os alunos entraram em contato digitalmente são abordados sob uma perspectiva dinâmica e ativa em sala de aula, explorando suas aplicações práticas e incentivando a aprendizagem colaborativa nas atividades em grupo.

Para que isso seja possível, o espaço físico da sala de aula deve sofrer modificações. Um exemplo diz respeito à disposição das carteiras, as quais devem ser organizadas de modo a facilitar os trabalhos em grupo, contrapondo-se ao modelo de sala de aula tradicional, em que os alunos se sentam enfileirados e direcionados ao professor.

Na sala de aula invertida, de acordo com Oliveira, Araujo e Veit (2016, p. 5), o papel do professor sofre uma ressignificação, pois ele se torna "responsável por criar, selecionar e organizar o estudo, bem como auxiliar os estudantes, sanando as dúvidas deles e concentrando mais atenção às especificidades de cada um nos encontros presenciais". Assim, o aluno passa para o centro do processo educativo e assume a corresponsabilidade pela própria aprendizagem.

Ao se pensar no design de uma sala de aula invertida, podemos recorrer aos quatro verbos definidos por Baker (2000) para sua estruturação: *esclarecer, expandir, aplicar* e *praticar*. Nesse sentido, o relatório *Flipped Classroom Field Guide* (2022) – que se trata de uma compilação das boas práticas e dos recursos centrados na sala de aula invertida e nas iniciativas de ensino híbrido, publicado pela Weber State University, de Utah – estabelece algumas diretrizes para inverter a sala de aula:

- As atividades presenciais devem envolver questionamentos, resolução de problemas e tarefas de aprendizagem ativa, a fim de que os alunos possam recuperar, aplicar e ampliar o conteúdo aprendido de forma *on-line*.
- O professor deverá esclarecer dúvidas, corrigir possíveis erros e fornecer *feedback* aos alunos após as atividades presenciais.
- Deve-se incentivar a participação dos alunos nas atividades *on-line* e presenciais e computá-las na avaliação formal do aluno.
- O material e os ambientes de aprendizagem devem ser cuidadosamente estruturados e planejados.

---

**PARA SABER MAIS**

FLIPPED CLASSROOM FIELD GUIDE. Disponível em: <https://www.weber.edu/WSUImages/tlf/TLF%202013/Flipped%20Classroom%20Field%20Guide.pdf>. Acesso em: 24 out. 2022.

Faça a leitura integral do relatório *Flipped Classromm Field Guide* acessando o *link* indicado.

---

Com base nessas diretrizes, consideramos três fases para a implementação de modelos de sala de aula invertida: (i) preparar; (ii) envolver; e (iii) ampliar. Cada uma apresenta características específicas, assumindo um caráter síncrono – realizado em um espaço físico – ou assíncrono – promovido virtualmente. Para uma melhor compreensão dessas etapas, observe o diagrama na Figura 1.2, no qual sintetizamos esse processo.

Figura 1.2 – **Fases para a implementação de modelos de sala de aula invertida**

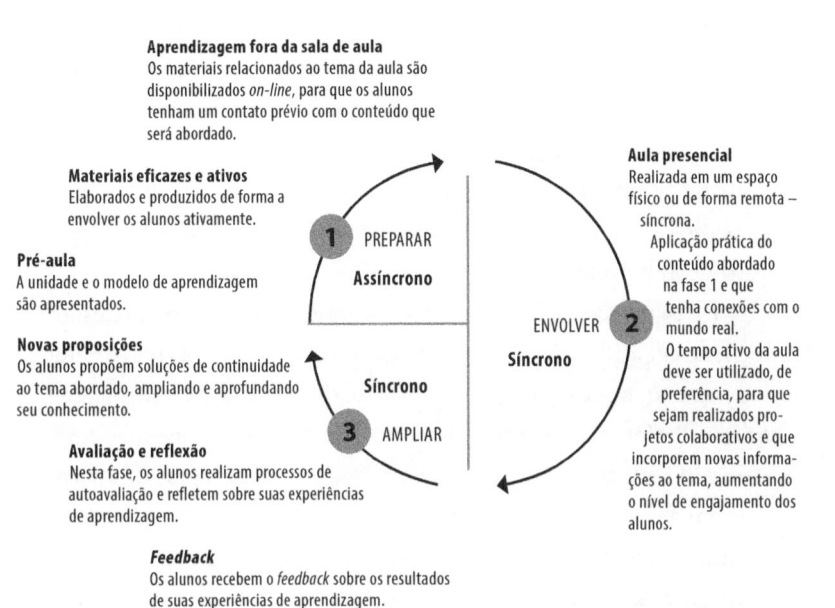

**Aprendizagem fora da sala de aula**
Os materiais relacionados ao tema da aula são disponibilizados *on-line*, para que os alunos tenham um contato prévio com o conteúdo que será abordado.

**Materiais eficazes e ativos**
Elaborados e produzidos de forma a envolver os alunos ativamente.

**Pré-aula**
A unidade e o modelo de aprendizagem são apresentados.

**Novas proposições**
Os alunos propõem soluções de continuidade ao tema abordado, ampliando e aprofundando seu conhecimento.

**Avaliação e reflexão**
Nesta fase, os alunos realizam processos de autoavaliação e refletem sobre suas experiências de aprendizagem.

**Feedback**
Os alunos recebem o *feedback* sobre os resultados de suas experiências de aprendizagem.

1 PREPARAR
Assíncrono

2 ENVOLVER
Síncrono

3 AMPLIAR
Síncrono

**Aula presencial**
Realizada em um espaço físico ou de forma remota – síncrona.
Aplicação prática do conteúdo abordado na fase 1 e que tenha conexões com o mundo real.
O tempo ativo da aula deve ser utilizado, de preferência, para que sejam realizados projetos colaborativos e que incorporem novas informações ao tema, aumentando o nível de engajamento dos alunos.

É importante ressaltar que os materiais desenvolvidos a serem acessados pelos alunos de forma assíncrona devem ser elaborados de forma eficaz e envolver os alunos ativamente, responsabilizando-os pelo seu próprio aprendizado. Isso significa que é preciso incluir instrumentos de avaliação, fóruns de discussão, enquetes, entre outras ferramentas que estimulem a participação ativa dos alunos nesse processo.

Na fase de preparação, o designer instrucional deve contar com informações que o auxiliem a propor soluções para determinados conteúdos nos quais os alunos apresentam maiores dificuldades. Nessa perspectiva, os professores contribuem identificando habilidades e conhecimentos que são necessários para que os alunos alcancem os resultados de aprendizagem almejados, além de sugerir materiais relevantes ao conteúdo, como vídeos, textos de apoio, entre outros recursos que possam ser utilizados virtualmente. Assim, o designer instrucional cria, organiza e estrutura maneiras de apresentar o conteúdo de modo que os alunos possam acessá-los e interagir com eles, envolvendo-se ativamente no processo de aprendizagem.

Para isso, o conteúdo abordado de modo assíncrono deve estar presente em atividades de aprendizagem ativa. Dessa forma, os alunos poderão aplicar conhecimentos teóricos sob uma abordagem prática. Preferencialmente, é importante estabelecer conexões com o mundo real, demonstrando e propiciando experiências de aprendizagem desafiadoras que requeiram uma prática colaborativa que abranja professores e outros colegas da classe. Assim, o tempo ativo da aula poderá ser utilizado para que os alunos possam criar projetos que visem ao compartilhamento e à incorporação de novas informações ao tema abordado. Nesse cenário, tal incorporação permitirá aos estudantes ampliar o espectro no qual o tema abordado foi inicialmente inserido, promovendo momentos de reflexão e autoavaliação sobre suas experiências de aprendizagem.

Com esses pressupostos em mente, o designer instrucional pode iniciar o processo de implementação de uma sala de aula invertida, propondo soluções criativas que promovam um maior engajamento dos alunos nas atividades propostas. Essa filiação pode ser obtida por meio de *feedbacks* em tempo real, permitindo que os educandos recuperem, aprofundem e apliquem os conhecimentos adquiridos nos momentos assíncronos, compreendendo que a teoria e a prática são elementos complementares e que fazem parte de um processo no qual a tecnologia atua como elemento facilitador para o ensino-aprendizagem.

### 1.4.2 Gamificação

O termo *gamificação* muitas vezes é confundido com a simples utilização de jogos para computador (*games*), mas salientamos que são vocábulos de significados distintos. Conforme Kapp (2012), o termo *game* está diretamente relacionado ao produto constituído por regras e recursos e que apresenta resultados quantificáveis. Por outro lado, a *gamificação* se apropria da mecânica, da estética e da dinâmica dos jogos para promover o aprendizado de determinado conteúdo, além de estimular ludicamente a elaboração de soluções criativas para os problemas.

É importante ressaltar que os três componentes (mecânica, dinâmica e estética) atuam de forma articulada e em conjunto durante o ato de jogar. Para compreendermos isso melhor, podemos dizer que a mecânica dos jogos está vinculada à descrição dos componentes particulares dos jogos, isto é, da representação de dados, de algoritmos e das regras do jogo em si. Exemplos são os desafios propostos, o nível de cooperação e competição entre os jogadores, os tipos de recompensa ao se completar determinada tarefa, entre outros. Já a dinâmica descreve o comportamento do tempo de execução do jogo e está relacionada à narrativa e à progressão (fases, etapas etc.). Por fim, a estética é responsável por descrever as respostas emocionais desejáveis a serem evocadas pelo jogador quando este interage com o jogo e criar uma identidade visual para ele. Os conceitos estéticos são aplicados no design de avatares, *badges* (distintivos), bem como nos gráficos, na interface etc. (Hunicke; LeBlanc; Zubek, 2004).

A gamificação é definida por Busarello (2016, p. 18, grifo nosso) como

> um **sistema** utilizado para a resolução de problemas através da elevação e manutenção dos níveis de engajamento por meio de estímulos à **motivação intrínseca** do indivíduo. Utiliza cenários lúdicos para simulação e exploração de fenômenos com **objetivos extrínsecos**, apoiados em elementos utilizados e criados em jogos.

O **sistema** compreende o conjunto de práticas, ferramentas, regras e demais elementos que fazem parte do conceito de gamificação. Por ***motivação intrínseca*** entendemos os desejos que são próprios e exclusivos do jogador sem que haja influências externas, ou seja, são determinados pelo próprio jogo. Por fim, os **objetivos extrínsecos** são aqueles que empregam mecanismos diversos no ambiente do jogo e estão relacionados com a busca de soluções ao problema apresentado.

Dessa forma, a gamificação propõe que o indivíduo pense e aja como se estivesse em um jogo que possui regras estabelecidas. A premissa é que o sujeito viva essa experiência sendo motivado a ações que envolvem cognição, tempo e energia. De modo geral, a gamificação promove o engajamento do aluno estimulando a aprendizagem e motivando-o a resolver problemas por meio dos elementos de jogo, como desafios abstratos, regras a serem seguidas, nível de interatividade proposto, *feedback* e reações emocionais em um ciclo de gamificação.

Os autores Liu, Nakajima e Alexandrova (2011) propõem um sistema no qual a iteração se inicia pelo estabelecimento de um objetivo ou desafio claro com uma condição de vitória específica. Nesse sistema, cada vez que o jogador alcança uma meta, recebe algum tipo de recompensa, geralmente suportada por um sistema de pontuação.

---

**IMPORTANTE**

*Iteração* é o "processo de resolução de uma equação mediante operações em que sucessivamente o objeto de cada uma é o resultado da que a precede" (Houaiss; Villar, 2009).

---

Observe, na Figura 1.3, como seria um ciclo de gamificação que, por meio de um desafio proposto, de uma condição de vitória e de um sistema de recompensas pré-estabelecido, baseia-se no sistema de pontos e no histórico de conquistas do jogador. Dessa forma, gera-se uma tabela que o classifica em um quadro de líderes. Assim, o jogador recebe emblemas em forma de *bottons*, distintivos ou adesivos de motivação, e seu *status* virtual em uma rede social é alterado, pois compartilha suas conquistas. Então, o ciclo se reinicia com um novo desafio.

Figura 1.3 – **Ciclo de gamificação**

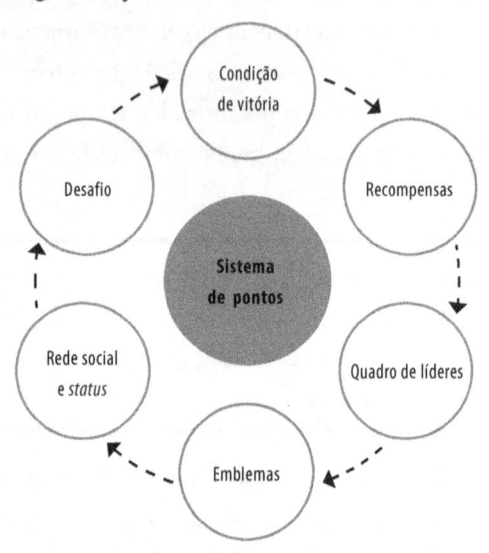

(Diagrama circular com os elementos: Condição de vitória, Recompensas, Quadro de líderes, Emblemas, Rede social e *status*, Desafio — todos em torno de **Sistema de pontos**.)

Fonte: Elaborado com base em Liu; Nakajima; Alexandrova, 2011.

Quando pensamos em montar uma estratégia de gamificação com objetivos pedagógicos, precisamos considerar que os alunos deverão executar determinadas ações para atingir os objetivos propostos no design da aula. Nesse sentido, o designer instrucional deve propor atividades com duração definida, número de conquistas, sistema de recompensas e de *feedback*, nível de interatividade entre os demais integrantes, entre outros elementos de design de jogos necessários para a gamificação da aula.

**PARA SABER MAIS**

KAHOOT. Disponível em: <https://kahoot.com/>. Acesso em: 24 out. 2022.

Para compreender melhor o processo de gamificação, sugerimos o acesso à plataforma Kahoot, na qual você poderá criar cursos com atividades e jogos de aprendizagem por meio de modelos que atendem aos princípios da gamificação.

---

Em síntese, podemos dizer que a gamificação possibilita uma abordagem pedagógica diferenciada, que proporciona maior engajamento dos alunos e melhores resultados de aprendizagem por meio de elementos de jogo. No entanto, ela deve ser incorporada de modo a complementar outras metodologias de ensino.

### 1.4.3 Ensino híbrido

Nos últimos tempos, com a pandemia de Covid-19, o ensino híbrido esteve em evidência, em virtude da necessidade de se propor um modelo educacional que atendesse às necessidades impostas pela realidade do momento.

Os primeiros modelos de ensino híbrido surgiram no final dos anos 1990, implementados em universidades americanas. No contexto do *e-learning,* consiste basicamente na combinação de atividades realizadas de forma presencial e de outras promovidas a distância, suportadas pelas NTDIC. Trata-se de uma metodologia que utiliza as tecnologias emergentes para possibilitar interações humanas, de maneira que, em alguns momentos, os alunos estudam e interagem *on-line,* e em outros, participam de encontros e atividades presenciais.

De acordo com Bacich, Tanzi Neto e Trevisani (2015, p. 73), "as modificações possibilitadas pelas tecnologias digitais requerem novas metodologias de ensino, as quais necessitam de novos suportes pedagógicos, transformando o papel do professor e dos estudantes e ressignificando o conceito de ensino e aprendizagem". Assim, no modelo híbrido, é o aluno que assume uma postura proativa, inserido no centro do processo de aprendizagem. Dessa forma, ele prioriza a aquisição de competências tendo como base um programa de ensino flexível, o qual deve ser organizado a fim de que o aluno inicialmente tenha contato com conteúdos a distância, para que, posteriormente, participe de atividades presenciais individuais ou em grupo na escola.

Na visão de Moran (2015, p. 56), o papel da tecnologia é integrar todos os espaços e tempos em que: "O ensinar e o aprender acontecem em uma interligação simbiótica, profunda e constante entre os chamados mundo físico e digital". Pressupõe-se, assim, que não existe separação entre os dois universos, assim como que há um espaço estendido responsável por ampliar os domínios da sala de aula, além de proporcionar que a educação formal ocorra em múltiplos espaços do cotidiano.

---

**PRESTE ATENÇÃO!**
**Simbiótica**: relativo à vida comum.

---

No ensino híbrido, as aulas geralmente são ministradas *on-line* e podem ser síncronas – ao vivo – ou assíncronas – ou seja, gravadas anteriormente para posterior visualização. Esta última forma possibilita maior flexibilização de seu acesso, já que os alunos podem escolher quando assisti-las de acordo com seu ritmo de aprendizagem e tempo disponíveis. Por outro lado, nesse caso, o aluno deve definir e organizar seus momentos de aprendizagem em consonância com outras tarefas da sua vida diária, o que implica maior comprometimento de sua parte para que possa atingir os objetivos propostos no plano de ensino.

Outra vantagem das aulas assíncronas é que o aluno pode pausar a aula e remotamente consultar professores, tutores ou colegas, bem como realizar pesquisas paralelas a fim de elucidar possíveis dúvidas.

No formato de aulas síncronas, as quais são realizadas ao vivo com horários previamente marcados, há a possibilidade de interação com o professor e demais alunos por meio de *chats* que podem ser mediados por um tutor, permitindo a participação ativa dos alunos durante a aula. Comumente, as aulas síncronas são gravadas e disponibilizadas para acesso posterior de forma assíncrona. Assim, os alunos podem assisti-las novamente quantas vezes forem necessárias para que garantam a melhor compreensão possível do conteúdo abordado.

Nessa ótica, o designer instrucional pode organizar modelos de ensino híbrido com base nas propostas de Horn e Staker (2015), que apresentam quatro modelos principais: modelo de rotação, modelo *flex*, modelo *à la carte* e modelo virtual enriquecido. A seguir, vamos explanar as principais características de cada um deles.

**Modelo de rotação**

Nesse modelo, os alunos revezam as atividades com base em horários definidos pelo professor, e ao menos uma das atividades é realizada virtualmente. É importante haver meios para avisar os alunos de que o tempo estimado para a resolução de determinada atividade foi finalizado e que, por isso, eles devem partir para a próxima tarefa. Ainda, tal modelo pode ter algumas variações, como a rotação por estações, o laboratório rotacional, a sala de aula invertida e a rotação individual.

A **rotação por estações** pode ser realizada entre diferentes espaços físicos ou dentro da própria sala de aula. Para isso, é necessário determinar estações específicas, para que haja alternância dos grupos de alunos entre elas. Por exemplo, é possível estabelecer três estações: uma com um único grupo conduzido pelo professor; outra dividida em pequenos grupos; e uma terceira de leitura e pesquisa individual e independente. Ao término do tempo estipulado, os alunos se alternam entre as estações, a fim de realizar diferentes tarefas.

Já o **laboratório rotacional** é semelhante à rotação por estações, sendo que uma das estações corresponde ao laboratório de informática, em que um grupo de alunos realiza tarefas *on-line* acompanhados por um professor-tutor enquanto outro permanece em sala de aula, com atividades orientadas pelo professor da disciplina.

Por sua vez, a **sala de aula invertida** segue os preceitos anteriormente abordados neste capítulo, quando tratamos exclusivamente de tal modelo de ensino. Em síntese, os alunos têm contato prévio com o conteúdo de forma *on-line* e participam de aulas com vivências e experiências ativas em sala sob a orientação do professor.

Por fim, na **rotação individual**, o aluno alterna suas atividades com base em um cronograma personalizado e elaborado de acordo com suas necessidades individuais.

**Modelo *flex***

O principal elemento desse modelo consiste no ensino *on-line*, por meio do qual se estrutura um cronograma elaborado em conformidade com as necessidades de cada aluno, ou seja, de modo personalizado. Assim, os professores ficam disponíveis para atender possíveis dúvidas dos alunos.

**Modelo à la carte**

Nesse modelo, os objetivos são determinados pelos professores, que têm o papel de tutores, mas toda a responsabilidade de organização dos estudos fica a cargo dos alunos. Geralmente, é aplicado em cursos ou disciplinas *on-line* que têm a função de complementar o currículo escolar.

**Modelo virtual enriquecido**

Nesse modelo, há uma divisão entre o tempo de aprendizagem dispendido entre momentos em que o aluno participa de atividades presenciais e outros nos quais ele realiza atividades virtualmente. Assim, a instituição pode se organizar para que haja uma ocupação de espaços de forma alternada. Por exemplo, os alunos devem estar presentes na instituição nas terças e quintas-feiras, enquanto no resto da semana eles executam tarefas *on-line* de maneira independente.

Podemos dizer que, no ensino híbrido, a tecnologia auxilia na personalização da aprendizagem e permite que os alunos possam assumir responsabilidades e aprender conforme seu ritmo e sua disponibilidade de tempo. Dessa forma, eles podem traçar suas próprias rotas de aprendizagem conforme os objetivos e temas propostos na disciplina ou curso.

Nesse sentido, para a implementação do ensino híbrido, o designer instrucional precisa propor soluções tecnológicas que mesclem atividades presenciais e a distância, em que o aluno é o centro do processo de aprendizagem, considerando o projeto político pedagógico da instituição.

### 1.4.4 Aprendizagem baseada em projetos e aprendizagem baseada em problemas

A **aprendizagem baseada em projetos** (ABP) foi proposta inicialmente pelo filósofo e pedagogo John Dewey (1859-1952), que defendia a ideia de que o aluno deveria aprender fazendo e afirmava que a educação não pode ser resumida a uma preparação para a vida, uma vez que é a própria vida.

A ABP se baseia na aquisição do conhecimento por meio da exploração ativa de desafios e de problemas do mundo real e tem como fundamentos a teoria construtivista da aprendizagem, na qual os indivíduos são agentes ativos do processo de construção do próprio conhecimento, e a aprendizagem situada, proposta em 1991 por Jean Lave (1939-) e Etienne Wenger (1952-), que faz parte das **comunidades de prática**, por meio das quais a aprendizagem é socialmente construída mediante práticas compartilhadas.

---

**IMPORTANTE**

Comunidade de prática (CoP) é um conceito elaborado por Etienne Wenger e se refere a grupos de indivíduos que se reúnem de forma periódica e compartilham aprendizados e conhecimentos (Kimieck, 2002).

Uma solução fundamentada na metodologia ABP busca integrar o saber e o fazer, propiciando aos alunos que apliquem os conhecimentos adquiridos de forma teórica na solução prática de problemas reais. Dessa forma, as atividades a serem propostas deverão ser de longo prazo, ter caráter interdisciplinar/transdisciplinar, estimular a colaboração e o compartilhamento, além de serem centradas no aluno, a quem cabe o papel de gerenciar o tempo e de organizar seu próprio trabalho em um processo no qual tem voz e poder de decisão, direcionando sua própria aprendizagem e, por conseguinte, desenvolvendo sua autonomia.

Para compreender melhor as diferenças entre a aprendizagem tradicional e a ABP, compare suas principais características no Quadro 1.4, a seguir.

Quadro 1.4 – **Comparativo entre a aprendizagem tradicional e a ABP**

| Característica | Tradicional | ABP |
|---|---|---|
| Conteúdo | Estático de acordo com a programação da disciplina. | Dinâmico com abordagem interdisciplinar e transdisciplinar. |
| Currículo | Utiliza livro-texto ou apostila como base de apoio. | Baseado na resolução de problemas. |
| Papel do professor | Centro do processo e detentor do conhecimento. | Mentor/orientador do processo. |
| Papel do aluno | Receptor/passivo. | Ativo, protagonista. |
| Tecnologia | Como apoio didático. | O aluno aprende a usar as ferramentas tecnológicas para resolver problemas. |
| Sala de aula | Trabalho individual, *layout* fixo, enfileirado. | Trabalho em grupo, *layout* colaborativo. |
| Avaliação | Provas individuais com foco no conteúdo programático. | Baseada em critérios, no desenvolvimento de habilidades e competências. |
| Meta | Aprender e memorizar fatos conforme o conteúdo programático. | Compreender a aplicação prática de conhecimentos adquiridos no processo para resolver problemas. |

Para propor soluções de implementação de um DI baseado na ABP, podemos nos fundamentar no modelo de sete fases de um ciclo de projeto, em que todas as unidades instrucionais são projetadas com base nesse modelo.

Porém, antes de pensar em tais fases, devemos nos questionar sobre:

- Qual unidade instrucional deverá ser transformada em projeto?
- Qual problema do mundo real que seja envolvente, relevante e que esteja relacionado aos conceitos e às habilidades da unidade pode ser resolvido pelos alunos?
- Quais papéis poderiam ser assumidos pelos alunos para resolver o problema proposto?
- De que forma devem ser propostas as atividades do projeto para que os alunos trabalhem de forma colaborativa?

Por meio das respostas a tais questionamentos, podemos passar à implementação das sete fases, apresentadas na sequência.

### Fase I – Apresentar a pergunta motivadora

A unidade instrucional deve ter uma pergunta motivadora, convincente, aberta e significativa. Seu nível deve exigir que os alunos pensem profundamente a respeito dela e procurem respondê-la com base nos conhecimentos que possuam no momento, sem a possibilidade de pesquisar sobre o tema abordado. Esse procedimento é importante para averiguar os diferentes níveis de conhecimento prévio dos educandos e planejar adequadamente a condução do projeto.

**Fase II – Apresentar o desafio**

O desafio deve ser elaborado de forma que os alunos possam demonstrar claramente sua aprendizagem durante o processo. Nessa fase, o professor deve orientar e guiar os estudantes em relação às escolhas a serem feitas para o enfrentamento do desafio.

**Fase III – Desenvolver *expertise***

Essa é a etapa mais longa do ciclo de desafio. É nela que as tarefas individuais e colaborativas serão criadas de modo a conduzir os alunos na resolução do problema proposto pelo projeto. Eles assumem determinados papéis e, portanto, têm a necessidade de se aprofundar mais em conceitos e habilidades. Dessa forma, faz-se necessário prover métodos de consulta e fornecer informações básicas suficientes para que os educandos possam explorar novos conceitos e seguir adiante na pesquisa.

**Fase IV – Praticar**

Trata-se da fase em que os alunos demonstram seu aprendizado mediante uma avaliação de desempenho e colocam em prática os conhecimentos, as competências e as habilidades adquiridas no processo.

**Fase V – Reflexão e *feedback***

Os alunos participam de momentos de reflexão e *feedback* acerca de seu desempenho durante a realização do projeto. Além disso, também é interessante convidar um especialista no tema para participar dessa experiência, pois ele contribuirá significativamente no crescimento dos estudantes.

### Fase VI – Responder à pergunta motivadora

Na medida em que o ciclo de desafios se aproxima de sua finalização, deve-se solicitar aos alunos que retomem a pergunta da fase I e que a respondam novamente, agora com um maior repertório e uma compreensão mais profunda e conceitual do tema abordado ao longo do projeto.

### Fase VII – Avaliação somativa

Propor métodos de avaliação fundamentada em critérios, habilidades e competências em consonância com a natureza do projeto é uma forma importante de avaliar a aprendizagem dos alunos, pois fornece ao professor uma medida para determinar o desempenho individual de cada um, além de possibilitar a mensuração da proficiência dos estudantes em relação aos conceitos e às habilidades considerados importantes conforme os objetivos de aprendizagem da unidade instrucional.

Ressaltamos, também, a importância de trabalhar com conteúdos relevantes e significativos em sintonia com a proposta curricular da instituição e adequados à realidade, abordando situações complexas do mundo real que exijam soluções criativas. Dessa forma, torna-se possível exercitar as principais habilidades e competências necessárias ao século XXI, tais como: habilidade tecnológica; criatividade; colaboração; raciocínio lógico; aprendizado constante; pensamento crítico, entre outras.

Ainda, devemos considerar que o projeto a ser proposto deve ser flexível, ou seja, pode sofrer modificações durante o processo. É igualmente interessante promover projetos que possam ser divididos em etapas, para que, ao final de cada uma delas, seja possível fornecer *feedbacks* e reflexões a respeito dos resultados obtidos.

Assim, os alunos poderão compreender que a aprendizagem ocorre durante todo o processo, e não somente na apresentação do produto final.

A ABP muitas vezes é confundida com a aprendizagem baseada em problemas. Embora ambas apresentem fundamentos correlatos, possuem métodos distintos, como analisaremos na sequência

A **aprendizagem baseada em problemas** (do inglês, *problem based learning*) é mais focada. Relaciona-se a um problema específico e pressupõe a busca de uma solução para determinado desafio, geralmente apresentado em cenários hipotéticos. Esse panorama é diferente da ABP, que pode tratar de diversos assuntos em um mesmo projeto e tenciona solucionar problemas reais de forma mais ampla.

Para compreender melhor o que as diferencia, compare, no Quadro 1.4, as principais características de projetos, ABP e aprendizagem baseada em problemas.

Quadro 1.5 – **Diferenças entre projetos, ABP e aprendizagem baseada em problemas**

| Projetos | Baseada em problemas | Baseada em projetos |
|---|---|---|
| São classificados com base na percepção dos professores, que pode não ser compartilhada de forma explícita com os alunos. | Baseada em práticas ou processos. Avaliações formativas são realizadas pelos alunos e pelas reflexões do professor. | Baseada em práticas ou processos. Avaliações formativas são realizadas pelos alunos e pelo professor. O resultado do projeto final é apresentado publicamente. |
| Os alunos não têm muitas oportunidades de fazer escolhas ou tomar decisões durante o projeto. | Os alunos tomam decisões baseadas em evidências, com base em pesquisas para chegar a uma solução, envolvendo processos de design. | Os alunos fazem a maioria das escolhas durante a realização do projeto em consonância com as diretrizes/restrições determinadas pelo professor. |

*(continua)*

*(Quadro 1.5 – conclusão)*

| Projetos | Baseada em problemas | Baseada em projetos |
|---|---|---|
| São baseados em instruções e são realizados "como no ano passado". | Os alunos definem o problema e identificam os passos a serem seguidos. Baseia-se em uma pesquisa atual para resolver problemas em um cenário contextualizado. | Baseia-se em uma pergunta motivadora, definida pelo professor, e que engloba todos os aspectos da aprendizagem que ocorrerá de acordo com a necessidade de saber. |
| Por vezes, são baseados na instrumentação de uma ferramenta, sem haver uma pergunta ou problema autênticos. | Usa tecnologia, ferramentas e práticas comuns ao mundo do trabalho. Os alunos têm a possibilidade de escolher a ferramenta adequada para a solução do problema. | Usa tecnologia, ferramentas e práticas comuns ao mundo do trabalho. Os alunos têm a possibilidade de escolher a ferramenta adequada para o desenvolvimento de um produto. |
| São basicamente iguais. | Os processos e soluções geralmente são diferentes. | Produtos ou processos geralmente são diferentes. |

A Figura 1.4 sintetiza as principais diferenças e similaridades entre as duas abordagens.

Figura 1.4 – **Similaridades entre aprendizagem baseada em projetos e em problemas**

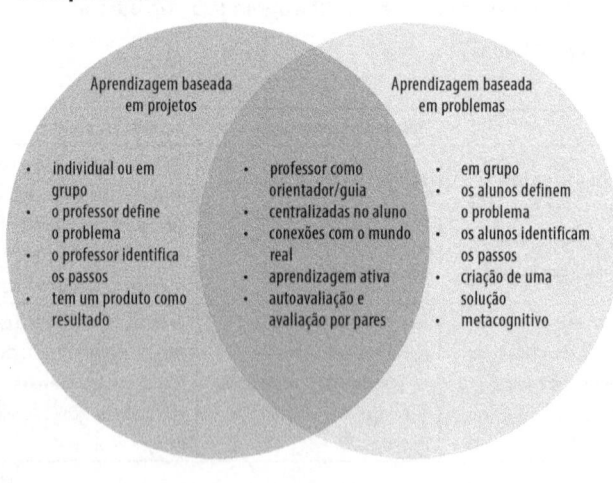

**Aprendizagem baseada em projetos**
- individual ou em grupo
- o professor define o problema
- o professor identifica os passos
- tem um produto como resultado

**Interseção:**
- professor como orientador/guia
- centralizadas no aluno
- conexões com o mundo real
- aprendizagem ativa
- autoavaliação e avaliação por pares

**Aprendizagem baseada em problemas**
- em grupo
- os alunos definem o problema
- os alunos identificam os passos
- criação de uma solução
- metacognitivo

Como vimos, as duas abordagens são experienciais e prezam pelo aprendizado na prática e pela resolução de problemas. Mas enquanto a ABP busca desenvolver um produto para solucionar um problema, a aprendizagem baseada em problemas foca no processo que envolve a solução de problema específico, sendo que os alunos têm maior controle acerca de sua aprendizagem e sobre os processos que envolvem estratégias metacognitivas.

---

**IMPORTANTE**

**Metacognição**: processo por meio do qual um indivíduo adquire conhecimento com base em seus próprios processos mentais.

---

**SÍNTESE**

Neste capítulo, abordamos os fundamentos do design instrucional (DI) e o situamos como teoria, compreendendo que ele se baseia nas ciências humanas, nas ciências da informação e nas ciências da administração. Também, verificamos que a profissão executada pelo designer instrucional está incluída na Classificação Brasileira de Ocupações (CBO) como parte do grupo de programadores, avaliadores e orientadores de ensino, sendo que o designer instrucional deve ter competências específicas.

Dada a natureza do DI ante o cenário proposto pelas novas tecnologias digitais de informação e comunicação (NTDIC), procuramos entender os princípios do paradigma educacional centrado no aluno, contextualizando-o diante da evolução das formas de ensino em virtude das alterações sofridas no processo de ensino-aprendizagem, desde a educação 1.0, no século XII, até a educação 4.0, datada do início do século XXI.

Considerando que as formas de ensino tradicionais já não mais atendem às necessidades dos indivíduos deste nosso século, apresentamos as metodologias ativas de aprendizagem como alternativa para uma educação centrada no aluno. Dessa forma, conhecemos os princípios da sala de aula invertida, da gamificação, do ensino híbrido, da aprendizagem baseada em projetos (ABP) e da aprendizagem baseada em problemas.

Assim, com base nessa fundamentação, preparamos o terreno para explorarmos os processos e as técnicas do DI nos próximos capítulos.

QUESTÕES PARA REVISÃO

1. Aponte as diferenças entre *game* e gamificação.

2. Explique no que diferem as metodologias de aprendizagem baseada em projetos (ABP) e as metodologias de aprendizagem baseada em problemas.

3. Metodologia ativa cujos alguns de seus componentes de aprendizagem são realizados fora da classe ou no ambiente *on-line*, ao passo que outras atividades, de cunho prático, são promovidas em sala de aula com a orientação do professor. A qual metodologia estamos nos referindo?

    a. Gamificação.
    b. Aprendizagem baseada em problemas.
    c. Aprendizagem baseada em projetos.
    d. Sala de aula invertida.
    e. Rotação por estações.

4. Indique se as seguintes considerações a respeito do modelo de sala de aula invertida são verdadeiras (V) ou falsas (F).

( ) A utilização do tempo de aula ocorre como no modelo tradicional, dividido igualmente entre a exposição oral do professor e as práticas individuais em sala de aula.
( ) A otimização do tempo é resultado da antecipação do conteúdo em atividades realizadas fora da classe ou no ambiente *on-line*.
( ) O professor é o centro do processo de ensino-aprendizagem.
( ) Os conteúdos vistos fora da sala de aula ou no ambiente *on-line* são trabalhados em sala mediante atividades práticas de forma dinâmica e ativa.

Agora, assinale a alternativa que corresponde à sequência correta:

a. F, F, V, V.
b. F, V, F, V.
c. V, F, V, F.
d. V, F, F, F.
e. F, V, V, F.

5. Ao situarmos o design instrucional como uma teoria, sua fundamentação se baseia em três áreas do conhecimento. Quais são elas?

a. Ciências humanas, ciências contábeis e ciências da informação.
b. Ciências humanas, ciências jurídicas e ciências da administração.
c. Ciências da administração, ciências contábeis e ciências da informação.

d. Ciências humanas, ciências da informação e ciências da administração.
e. Ciências da informação, ciências antropológicas e ciências humanas.

QUESTÃO PARA REFLEXÃO

1. Reflita sobre as mudanças referentes aos processos educacionais (da educação 1.0 à 4.0) e, em seguida, relacione-as a alguma experiência ou vivência própria que ocorreu em seu processo de aprendizagem ao longo de sua vida.

DeSig

# CAPÍTULO 2

# MODELOS DE DESIGN INSTRUCIONAL

CONTEÚDOS DO CAPÍTULO:
- Modelos de design instrucional.
- Características dos modelos de design instrucional (DI) fixo, aberto, contextualizado, ADDIE, LXD e ARCS.

APÓS O ESTUDO DESTE CAPÍTULO, VOCÊ SERÁ CAPAZ DE:
1. diferenciar os principais modelos de design instrucional;
2. compreender as principais características dos modelos de DI;
3. identificar os princípios do design motivacional.

Agora que já vimos os fundamentos do design instrucional (DI) e conhecemos algumas metodologias ativas, neste capítulo, abordaremos os principais modelos de DI, buscando compreender suas principais características. Para versarmos a respeito de tais modelos, devemos considerar que o aprendizado eletrônico é definido por um conjunto de práticas que se diferenciam de acordo com a abordagem pedagógica e com os recursos tecnológicos utilizados.

O DI clássico segue um processo caracterizado pela divisão em pequenas fases, como segue: análise, design, desenvolvimento, implementação e avaliação, conhecidas pela sigla ADDIE.

## 2.1 Processos do design instrucional: o modelo ADDIE

O modelo ADDIE constitui o processo genérico tradicionalmente usado pelos designers instrucionais e possui cinco fases: *analysis* (análise), design, *development* (desenvolvimento), *implementation* (implementação) e *evaluation* (avaliação), as quais representam uma diretriz dinâmica e flexível para criar soluções instrucionais eficazes.

A maior parte dos modelos de DI considera o modelo ADDIE como ponto de partida para gerar variações, de forma a se adaptar a diferentes contextos e problemas educacionais.

Suas etapas são distribuídas de modo a serem separadas em dois estágios: concepção e execução. Da concepção, fazem parte a análise, o design e o desenvolvimento; na execução, temos as fases de implementação e avaliação. Cada uma dessas fases será abordada em mais detalhes na sequência.

### 2.1.1 Análise

Nessa fase, o problema instrucional é esclarecido, as metas e os objetivos de aprendizagem são estabelecidos, as habilidades e os conhecimentos necessários são identificados e o ambiente de aprendizagem é definido. Ao longo dessa etapa, alguns questionamentos podem ser úteis para guiar os processos:

- Quem é o público-alvo e quais são as suas características?
- É necessário identificar alterações comportamentais no resultado?
- Que tipos de restrições de aprendizado existem?
- Quais serão as opções de entrega?
- Quais fundamentos pedagógicos devem ser empregados?
- Qual é o cronograma para a conclusão do projeto?

Conforme a natureza do projeto, podemos elaborar mais perguntas norteadoras, a fim de facilitar o processo durante essa fase.

### 2.1.2 Design

A fase de design trabalha com os objetivos de aprendizagem, desenvolve instrumentos de avaliação e exercícios, além de promover conteúdos, fazer a análise do assunto e de atuar no planejamento da instrução e na seleção de mídias. Essa etapa deve ser sistemática e específica, com métodos lógicos e ordenados que possibilitem ordenar, identificar, elaborar e avaliar o conjunto de estratégias planejadas e direcionadas para atingir os objetivos do projeto.

Nessa fase, é realizada a documentação da estratégia referente ao design instrucional, visual e técnico do projeto. As estratégias instrucionais devem estar em conformidade com os resultados pretendidos nos domínios cognitivo, afetivo e psicomotor.

Sob essa ótica, podemos nortear essa etapa por meio do levantamento de algumas questões, como sugerimos a seguir:

- Como deverão ser alcançados os objetivos instrucionais definidos?
- Quais métodos e técnicas instrucionais serão utilizados?
- Quais serão as mídias empregadas no projeto?
- Quais atividades e exercícios serão produzidos?
- Como ocorrerá a interação entre alunos/alunos e alunos/professores?
- Como será o design visual?
- Haverá interação com o material produzido?
- Qual será o suporte instrucional e tecnológico? Ele será disponibilizado?

É importante lembrar que nessa etapa também é realizada a criação da equipe de trabalho do projeto, mediante o estabelecimento de papéis como coordenador, designer instrucional, conteudista, professor da disciplina, pedagogos, especialistas de diversas áreas conforme as necessidades do projeto, além da definição da matriz curricular.

### 2.1.3 Desenvolvimento

A fase de desenvolvimento corresponde à etapa em que os desenvolvedores produzem, montam e adaptam os conteúdos criados na fase de design e configuram os ambientes de aprendizagem. Aqui também se define o suporte técnico e pedagógico, assim como há o desenvolvimento e a integração de novas tecnologias ao projeto.

### 2.1.4 Implementação

Durante a fase de implementação, deve-se verificar a necessidade de capacitar os usuários quanto à utilização dos materiais desenvolvidos e à aplicação das atividades propostas. Caso seja necessária, a capacitação de professores e tutores deve ocorrer em consonância com a matriz curricular, os resultados de aprendizagem esperados, os métodos de entrega e os procedimentos de testes e avaliações. Para o treinamento dos alunos, é preciso incluir mecanismos de aprendizagem que facilitem o uso das ferramentas a serem utilizadas no decorrer do curso.

Durante essa etapa, é primordial identificar e garantir que os materiais necessários estejam disponibilizados, assim como que o aplicativo, *site* ou ambiente de aprendizagem sejam funcionais.

### 2.1.5 Avaliação

Nessa fase, faz-se necessário considerar a avaliação do curso e do sistema de modo formativo e somativo. A avaliação formativa deve se fazer presente em cada uma das etapas do processo ADDIE.

Já a avaliação somativa consiste em realizar testes projetados que ofereçam oportunidades de *feedback* aos usuários. Assim, torna-se possível realizar um acompanhamento que inclui a avaliação do design por alunos e professores, bem como pela equipe de desenvolvimento, entre outros atores do processo.

Também devemos verificar e avaliar os resultados finais de aprendizagem, os quais nos fornecerão dados e informações acerca dos índices de aprovação e de reprovação, bem como de desistência e abandono. Tais informações podem ser usadas para corrigir possíveis erros e problemas, a fim de proporcionar um possível aperfeiçoamento do DI para a continuidade do projeto.

O modelo ADDIE geralmente é empregado de acordo com um fluxo sequencial, em que uma fase sucede a anterior de modo linear. Entretanto, isso não impede que o designer instrucional proponha soluções baseadas nesse modelo que sejam flexíveis, tendo em mente o contexto e o problema instrucional a ser resolvido.

Sob essa ótica, é possível classificar os modelos de DI em fixos ou fechados e em abertos e contextualizados, como abordaremos a seguir.

## 2.2 Design instrucional fixo

O DI fixo ou fechado possui conteúdos bem estruturados e ricos em mídias e *feedbacks*. Baseia-se em estágios distintos de concepção e de execução, com fases distribuídas ao longo do tempo, como podemos observar na Figura 2.1.

Figura 2.1 – **Fases do DI fixo**

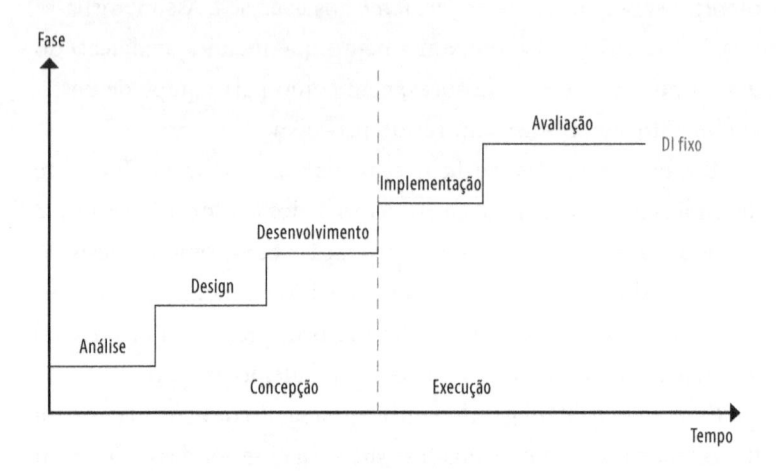

```
Fase
 ▲
 │                                          ┌───── Avaliação
 │                                   ┌──────┘            ──── DI fixo
 │                                   │ Implementação
 │                          ┌────────┘
 │                          │ Desenvolvimento
 │                ┌─────────┘
 │                │ Design
 │      ┌─────────┘
 │      │ Análise
 │      │
 └──────┴─────────┬─────────┴────────┴──────┴──────────────▶
            Concepção        │        Execução           Tempo
```

Fonte: Filatro, 2008, p. 26.

O estágio de concepção, que antecipa a ação de aprendizagem, é planejado e produzido cuidadosamente para atender os objetivos do projeto, conforme explica Filatro (2008, p. 19):

> [...] no aprendizado eletrônico, isso significa que um especialista em design instrucional começará a trabalhar em uma tela vazia e tomará decisões relacionadas às partes do fluxo de aprendizagem que serão automatizadas, às regras de sequenciamento/estruturação, às interações sociais [...] e ao grau de intensidade dessas interações.

Assim, na fase de análise, realiza-se um levantamento detalhado das necessidades de aprendizagem e do público-alvo. Nesse modelo, o designer instrucional pode trabalhar em colaboração com outros profissionais, de acordo com as necessidades contextuais do projeto. Na fase de design, são elaborados roteiros ou *storyboards* relacionados aos objetos e recursos de aprendizagem, prevendo sua apresentação visual (*layouts* e linguagem gráfica), entre outros elementos que serão necessários para comunicar efetivamente o conteúdo.

Na fase de desenvolvimento, promove-se a produção de materiais e recursos didáticos, além das estruturas do ambiente virtual de aprendizagem a ser empregado. Também é nessa etapa que se realiza a validação dos produtos especificados durante a fase de design, por meio de testes com usuários e com o cliente.

Já na fase de implementação ocorre a aplicação da proposta – ou seja, ela é publicada e executada – e seu acesso é disponibilizado às unidades de aprendizagem (UAs) e aos alunos, que interagem com os conteúdos e contam com suporte pedagógico, técnico e administrativo durante sua participação no curso/na proposta.

Por sua vez, na fase de avaliação, além das atividades avaliativas propostas para os alunos, toda a solução de DI é avaliada, pois, dessa forma, o designer instrucional pode extrair dados e informações que lhe possibilitem fazer mudanças e melhorar novas edições do curso/da proposta.

O produto resultante de um DI fixo é fechado e inalterável e envolve a produção de materiais impressos, conteúdos multimídia, jogos interativos, vídeos, entre outros. Na maioria das propostas dessa modalidade, o aluno interage de forma individual com os conteúdos, as atividades são objetivas e a avaliação acontece mediante atividades de autoavaliação em conjunto com a correção automatizada.

A produção desse modelo clássico de DI é realizada por uma equipe multidisciplinar. Ainda, ele é fechado e disseminado seguindo um modelo industrial empregado em projetos de larga escala. Além disso, o DI fixo é ideal para a educação em massa.

## 2.3 Design instrucional aberto

O DI aberto é mais flexível e valoriza a interação entre os participantes (professor-aluno ou aluno-aluno) de determinado curso/disciplina. Também é chamado de modelo *bricolage* ou design *on the fly*.

Nesse modelo, os conteúdos abordados são encarados como um elemento inicial para que se inicie um processo de discussão para determinado problema, em que o professor assume o planejamento, a mediação e a avaliação de todo o processo de ensino-aprendizagem e elabora os materiais de apoio de forma artesanal e orgânica, ajustando-os e realizando adaptações de acordo com a ação didática. Nas palavras de Filatro (2008, p. 20):

> [...] isso significa que o especialista em design instrucional ou o educador começará a trabalhar a partir de um ambiente virtual de aprendizagem (ou LMS) com um conjunto de opções pré-configuradas, mas terá liberdade de reconfigurá-las, adaptando-as no decorrer do percurso a partir do *feedback* obtido junto aos alunos.

Dessa forma, no DI aberto são empregados materiais que, em geral, foram produzidos para outras finalidades, como indicação de *sites*, vídeos, artigos etc., os quais podem ter sido elaborados pelo próprio professor ou por terceiros. Tais materiais são disponibilizados de acordo com os resultados obtidos na avaliação realizada durante a execução do projeto.

No estágio de concepção de um DI aberto, as fases de desenvolvimento e design ocupam menos tempo e são menos detalhadas do que em um DI fixo. Ainda, ao longo do estágio de execução, as fases de avaliação e implementação se dão simultaneamente, como pode ser visto na Figura 2.2, onde ilustramos a distribuição das etapas em relação ao tempo.

Figura 2.2 – **Fases do DI aberto**

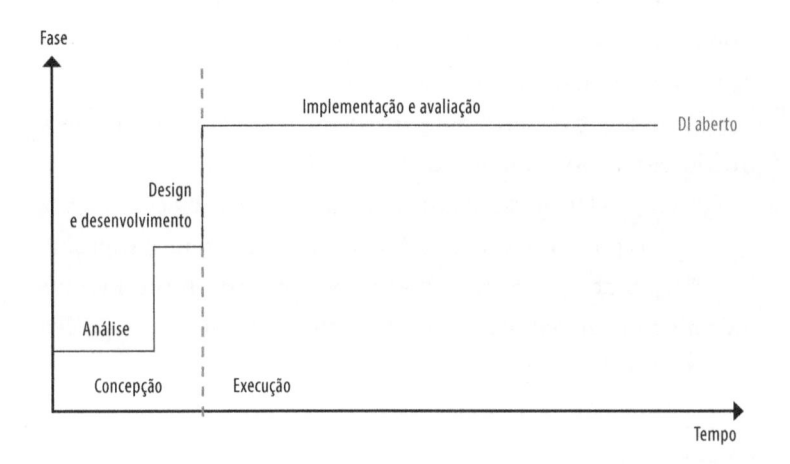

```
Fase
 ▲
 │           │   Implementação e avaliação
 │           │────────────────────────────────── DI aberto
 │           │
 │    Design │
 │ e desenvolvimento
 │       ────│
 │           │
 │  Análise  │
 │   ────    │
 │  Concepção│  Execução
 │           │                                  ▶
                                              Tempo
```

Fonte: Filatro, 2008, p. 27.

Na fase de análise no DI aberto, os professores atuam em conjunto com o designer instrucional e contribuem com informações relevantes para o desenvolvimento e o design do projeto, tais como: mapeamento curricular, bibliografia e metodologia de ensino a ser aplicada etc. Assim, os professores têm autonomia para, na fase de execução, promoverem ajustes no DI da unidade de aprendizagem.

No DI aberto, ao longo da fase de design, o processo de especificação geralmente é realizado diretamente no ambiente virtual de aprendizagem que será utilizado. O designer instrucional desenvolve e disponibiliza manuais e gabaritos para serem seguidos pelos professores durante o design e o desenvolvimento.

Na fase de desenvolvimento, os professores produzem os materiais com o auxílio do designer instrucional, com base nos manuais e gabaritos criados e disponibilizados na etapa anterior.

Já na implementação, conforme mencionamos anteriormente, os professores têm autonomia para realizar ajustes no design proposto. Nessa fase, é importante notar que se deve dar maior atenção ao design das interfaces sociais, as quais têm papel essencial no desenvolvimento de um maior nível de interação entre professores-alunos e alunos-alunos.

Por fim, no DI aberto, a fase de avaliação formativa é realizada ao longo do processo de execução e fornece dados que propiciam a promoção de ajustes na proposta pelo próprio professor, que pode alterar o design do ambiente virtual conforme suas percepções em relação ao aprendizado dos alunos.

### 2.4 Design instrucional contextualizado

O design instrucional contextualizado (DIC) possui uma natureza mais dinâmica e está presente nas soluções que buscam o equilíbrio entre o uso da automação, da personalização e da contextualização, empregando ferramentas da web 2.0, como redes sociais, aplicativos móveis, fóruns etc. Dessa forma, é possível criar percursos de aprendizagem personalizados e contextualizados.

De acordo com Filatro e Piconez (2004), o DIC atua como um sistema vivo e dinâmico, o qual "pode partir de uma estrutura matricial norteadora e do planejamento de situações didáticas que preveja saídas e possibilidades de abertura, de modo que os momentos de aprendizagem [...] sejam contextualizados segundo a compreensão dos fenômenos educacionais locais".

As operações de análise, design e desenvolvimento ocorrem de forma recursiva durante todo o tempo do processo, criando momentos de realimentação, nos quais são adicionados mais detalhes também recursivamente, como pode ser observado na Figura 2.3.

Figura 2.3 – **Fases do DIC**

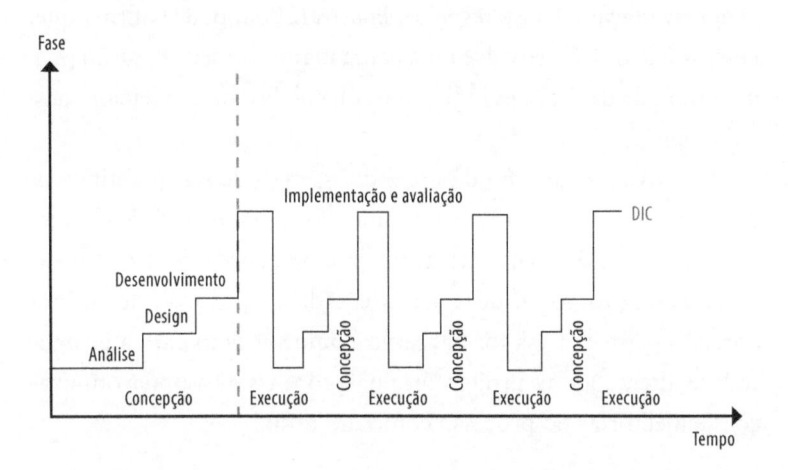

Fonte: Filatro, 2008, p. 27.

Na fase de análise, o levantamento das necessidades de aprendizagem e das demais informações necessárias à unidade de aprendizagem constitui um ponto de partida para o designer instrucional. Isso porque, em virtude da dinâmica do DIC, o foco de trabalho deverá ser aprimorado ao longo do tempo, com a participação dos alunos no processo.

Na etapa de design, o designer instrucional elabora o cenário de aprendizagem, especificando os principais elementos e requisitos do contexto, tais como: título, autor, instituição, objetivos de aprendizagem, conteúdos, mídias, entre outros.

Na fase de desenvolvimento, realiza-se a programação das atividades e de possíveis interações que deverão acontecer na execução.

Já na implementação, os alunos participam da definição e/ou redefinição dos objetivos e da seleção de estratégias de aprendizagem e avaliação. A esse respeito, Filatro (2008, p. 31) afirma que, nessa ótica, o DIC "envolve uma carga maior de metacognição [...] para tomada de decisões individuais ou colaborativas relacionadas ao design".

No DIC, a avaliação da aprendizagem pode ser quantificada com base em portfólios, bem como no desempenho, em projetos e em reflexões e na autoavaliação, de acordo com o contexto. A avaliação do DI deve ser integrada ao processo de ensino-aprendizagem e, dessa forma, servir como subsídio para a promoção de alterações no projeto original, com vistas a obter otimizações e melhorias no processo como um todo.

## 2.5 Learning eXperience design

O *learning eXperience design* (LXD) incorpora elementos de várias disciplinas do campo do design, entre elas, o design de interação, o *user experience* (UX) e o design gráfico, além de conceitos e fundamentos das disciplinas do campo da aprendizagem, como psicologia cognitiva, neurociência e DI.

As origens do LXD estão primariamente no campo do design, sendo que métodos, habilidades e ferramentas dessa área foram adaptados para serem utilizados na criação de experiências de aprendizagem em conjunto com metodologias específicas do campo da aprendizagem, conforme pode ser visto na Figura 2.4, na qual apresentamos uma visão geral da LXD, subdividindo-a em dois domínios principais: aprendizagem e design. Cada um deles traz uma diversidade de outras disciplinas que contribuem com o processo.

Figura 2.4 – **Visão geral da LXD**

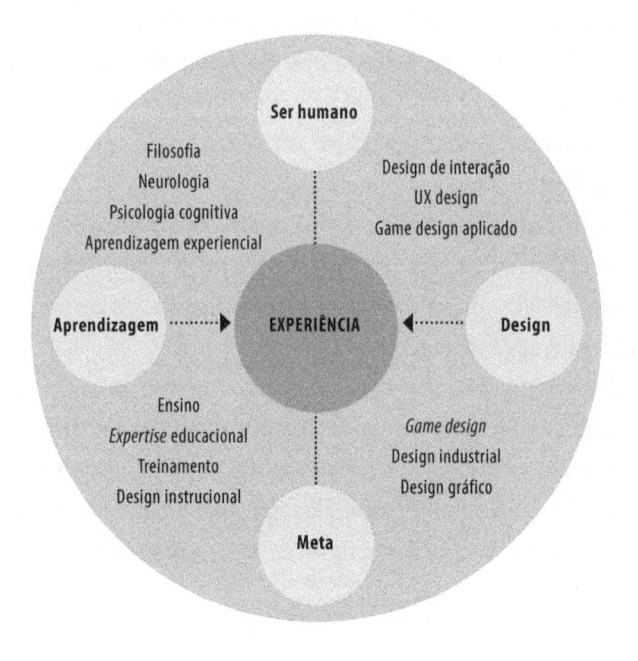

Ser humano

Filosofia
Neurologia
Psicologia cognitiva
Aprendizagem experiencial

Design de interação
UX design
Game design aplicado

**Aprendizagem** ·······▶ EXPERIÊNCIA ◀······· **Design**

Ensino
*Expertise* educacional
Treinamento
Design instrucional

Game design
Design industrial
Design gráfico

Meta

Podemos afirmar que a LXD tem seu design centrado no ser humano, considerando uma abordagem voltada à solução de problemas, geralmente utilizada no design de produtos e em soluções que envolvem o ser humano em todos os passos do processo de design. Dessa forma, ao se concentrar na perspectiva humana da aprendizagem, a LXD permite que os designers criem experiências de aprendizagem que acabam se conectando aos alunos nos níveis pessoal, cognitivo e emocional.

Como se centra no indivíduo, ela possibilita que as pessoas se relacionem com a experiência de aprendizagem por meio de atividades que propiciam uma vivência próxima do real, por meio da qual se torna possível fazer escolhas para alcançar os objetivos.

No LXD, aplica-se a metodologia de design de interação, a qual é orientada a metas e busca satisfazer às necessidades e aos desejos dos usuários de um produto ou serviço (Cooper; Reimann; Cronin, 2007). Nessa perspectiva, a metodologia se relaciona a como produtos e serviços criados para serem utilizados durante uma experiência de aprendizagem podem satisfazer aos desejos e às necessidades dos alunos, em relação ao atingimento de metas e de objetivos de aprendizagem.

O designer de LX deve compreender como funciona a cognição humana e de que modo aprendemos por meio das experiências vividas. Por conta disso, faz-se necessário combinar a aprendizagem experiencial com fundamentos das neurociências e da psicologia cognitiva, a fim de criar soluções focadas na maneira pela qual as pessoas aprendem.

2.5.1 **O processo no LXD**

Para projetar uma experiência de aprendizagem, podemos seguir seis passos básicos: (i) problematizar; (ii) pesquisar; (iii) projetar; (iv) desenvolver; (v) testar; e (vi) lançar. A seguir, abordaremos as principais características de cada um deles.

**I. Problematizar**

Primeiro, formule uma questão norteadora para a qual você precisa de uma resposta ou para um problema a ser resolvido.

**II. Pesquisar**

Para se criar uma experiência de aprendizagem, foque em dois aspectos. O primeiro deles diz respeito ao aluno. Portanto, pesquise e entenda o perfil de seu público-alvo. Isso pode ser feito mediante a realização de entrevistas, pela observação ou por meio de ferramentas, como mapas de empatia, por exemplo. O segundo aspecto está relacionado ao resultado da aprendizagem, ou seja, ao modo pelo qual a experiência impactará positivamente a vida dos alunos, pois, a partir das informações obtidas, será possível descobrir e estabelecer os objetivos de aprendizagem.

**III. Projetar**

Nesse passo, é importante ser criativo e gerar boas ideias. Para tanto, recorra a ferramentas como o *brainstorming* e convide pessoas com perspectivas e visões diferenciadas sobre o processo de aprendizagem a participar de sessões criativas. Com isso, você terá boas ideias para transformá-las em um projeto conceitual adequado ao tipo de experiência proposta.

### IV. Desenvolver

Agora, com o projeto conceitual em mãos, você deve transformá-lo em um protótipo, o qual dependerá do tipo de experiência que você está projetando. Nesse panorama, vale aplicar as técnicas tradicionais do design.

### V. Testar

Execute sessões de testes para verificar se seu protótipo atende aos objetivos de aprendizagem propostos, se há um resultado real de aprendizado pelo aluno, se o design está funcional e atrativo etc.

### VI. Lançar

Nem sempre o design final fica perfeito. Por isso, os testes realizados anteriormente servirão de guia para que você revise ou realize modificações nas etapas anteriores. O LXD é flexível, portanto, é possível que você precise reelaborar sua pergunta inicial, aprofundar-se na pesquisa, alterar o design, atualizar o protótipo etc., repetindo o ciclo até que todos os envolvidos no processo estejam satisfeitos com o resultado final.

A Figura 2.5 sintetiza o processo recém-descrito.

Figura 2.5 – **Processo de LXD**

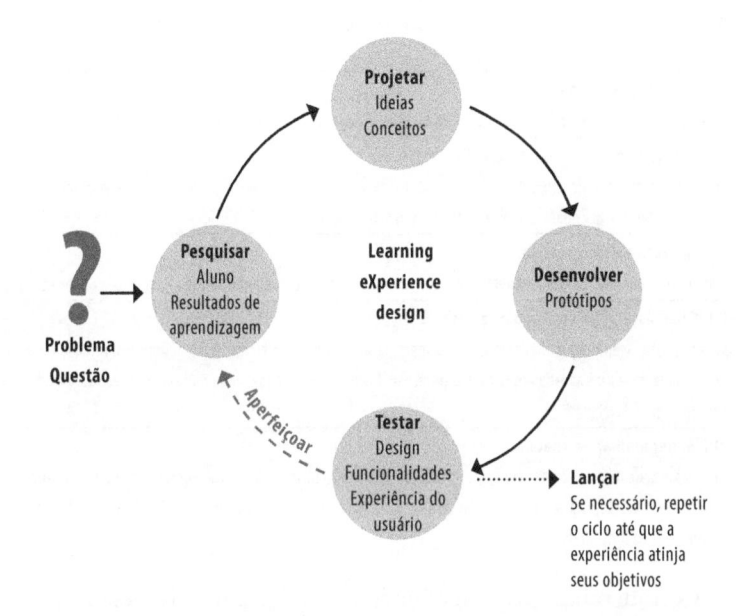

```
                    Projetar
                    Ideias
                    Conceitos

      Pesquisar        Learning
?  →  Aluno            eXperience      Desenvolver
      Resultados de    design          Protótipos
Problema  aprendizagem
Questão
           ← Aperfeiçoar
                    Testar
                    Design
                    Funcionalidades  ·····▶ Lançar
                    Experiência do          Se necessário, repetir
                    usuário                 o ciclo até que a
                                            experiência atinja
                                            seus objetivos
```

Ao trabalhar com a metodologia LXD, o designer deve empregar habilidades, métodos e ferramentas de design para projetar experiências de aprendizagem. A esse respeito, no Quadro 2.1, apresentamos oito qualidades necessárias para o LX designer.

Quadro 2.1 – **Qualidades do LX designer**

| |
|---|
| **I. Usar a criatividade como elemento motivador** |
| Usar a criatividade para criar ideias originais, conceituá-las e formalizá-las. |
| **II. Ter mentalidade criativa e analítica** |
| Alternar entre os pensamentos criativo e analítico enquanto pesquisa, cria, testa e aperfeiçoa o design de um projeto. |

*(continua)*

*Quadro 2.1 – Conclusão*

| |
|---|
| **III. Ter capacidade de distanciamento e abstração** |
| Deixar de lado noções preconcebidas de como deve ser a aprendizagem e usar a liberdade criativa para gerar experiências de aprendizagem únicas e inéditas. |
| **IV. Concentrar-se no aluno** |
| Ter empatia com o aluno para criar experiências de aprendizagem personalizadas, eficazes e envolventes. |
| **V. Incorporar *insights* (neuro)científicos** |
| Aprender e trabalhar em conjunto com neurocientistas a fim de compreender como o ser humano aprende e gerar designs eficazes para que os alunos atinjam seus objetivos. |
| **VI. Ser prático e imaginativo** |
| Equilibrar ideias inusitadas com ideias reais que podem ser, de fato, implementadas nas soluções de design. |
| **VII. Saber escolher a tecnologia correta** |
| Saber escolher e empregar a tecnologia como meio para um fim, e não como principal objetivo. A tecnologia selecionada deve ser baseada nos aspectos por meio dos quais os alunos poderão alcançar os resultados de aprendizagem desejados. |
| **VIII. Saber alinhar perspectivas** |
| Unir pessoas de diversas áreas (alunos, professores, clientes, cientistas, desenvolvedores, entre outros), com necessidades e desejos diferentes, alinhando suas perspectivas para elaborar experiências de aprendizagem significativas e funcionais. |

Considerando essas qualidades, a maior parte do desafio para o designer consiste em projetar interfaces que atendam aos critérios relacionados aos processos cognitivos e afetivos inerentes à aprendizagem. Tais interfaces podem incluir objetos de aprendizagem – OAs (experiências independentes direcionadas a um objetivo de aprendizagem específico), *serious games* (jogos de computador elaborados de acordo com metas educacionais específicas), sistemas de gerenciamento de aprendizagem (*learning management systems* – LMS), ambientes virtuais de aprendizagem 3D, sistemas de tutoria inteligentes baseados em inteligência artificial, entre outros.

Para a criação das interfaces, Peters (2014) afirma que o LXD tem grande preocupação com o design da interface. Nesse sentido, a autora apresenta um modelo de três camadas, denominado *layer cake of eLearning design* (em tradução livre, "bolo de camadas do design de *eLearning*"), conforme ilustra a Figura 2.6.

Figura 2.6 – **Camadas de design de interface para LXD**

|  |  |
|---|---|
| Conteúdo multimídia | Gráficos, vídeo, áudio, objetos animados, design de interação |
| Estilo de interface | Aparência da interface e seus elementos, customização, design de informação |
| Design do sistema | Arquitetura de navegação, design de interação, elementos básicos da interface e aparência |

Fonte: Peters, 2014, p. 8.

Na camada de design do sistema, o designer estará envolvido com o projeto e o desenvolvimento do sistema que suportará uma tecnologia de *e-learning*, o que envolve a arquitetura de navegação, o design de interação e os elementos básicos da interface.

A segunda camada está relacionada ao estilo de interface, em que serão definidas a aparência da interface e a possibilidade de personalização por meio da aplicação de *skins* e de temas. Nessa camada, os designers podem estabelecer quem pode usar e configurar o ambiente, alterar os estilos dos cenários de aprendizagem ou melhorar a interface padrão com base em novas ideias.

Na terceira camada, o conteúdo multimídia tem um papel relevante no processo de ensino-aprendizagem. Caso o projeto seja fechado e com padrões visuais predefinidos, o designer não terá a possibilidade de promover alterações nas outras duas camadas, mas poderá organizar e configurar o conteúdo multimídia dentro do ambiente, tomando decisões sobre a arquitetura do curso, a navegação e o design de informação – elementos que causam grande impacto nos resultados finais.

Portanto, podemos considerar a *learning eXperience* como um termo "guarda-chuva" para o design de vários aspectos que criam um ambiente no qual os indivíduos têm a oportunidade de aprender algo.

## 2.6 ARCS: modelo de design motivacional

O modelo ARCS foi criado na década de 1980 por John Keller (1938-) e consiste em uma abordagem focada nos aspectos motivacionais do ambiente de aprendizagem. Keller (1983) divide sua abordagem em duas categorias, sendo que a primeira delas representa os quatro componentes da motivação: despertar interesse, criar relevância, desenvolver expectativa de sucesso e produzir sentimento de satisfação por meio de recompensas intrínsecas/extrínsecas. A segunda categoria está relacionada ao processo em que os designers instrucionais criam elementos motivacionais apropriados de acordo com o contexto educacional.

No design motivacional, o ponto central do planejamento instrucional envolve o processo de organizar recursos e procedimentos instrucionais que provoquem mudanças na motivação para aprender. Sob essa perspectiva, o modelo ARCS visa à identificação dos motivos e das necessidades do aluno, isto é: à análise das características dos estudantes por meio das quais são estabelecidos os requisitos motivacionais para a solução instrucional a ser planejada; ao diagnóstico dos materiais instrucionais de modo a estipular aqueles que estimulam a motivação dos educandos; e à escolha de táticas e estratégias pedagógicas adequadas para manter a motivação e sua aplicação e avaliação.

O modelo em si consiste em quatro componentes principais, conforme podemos observar na Figura 2.7.

Figura 2.7 – **Componentes do modelo ARCS**

A  Despertar a curiosidade e o interesse do aluno

R  As experiências e o material devem ser importantes para os alunos

C  O aluno deve ter suporte para obter sucesso nas tarefas propostas

S  Construir a percepção de esforço e realização do aluno

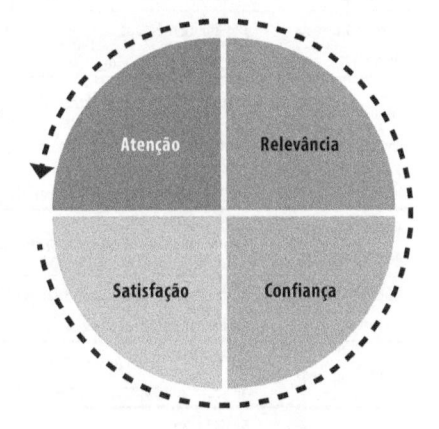

Atenção | Relevância
Satisfação | Confiança

Fonte: Seel et al., 2017, p. 66.

Cada um deles possui estratégias instrucionais específicas, as quais apresentamos no Quadro 2.2.

Quadro 2.2 – **Estratégias instrucionais para o modelo ARCS**

| A | **Atenção**<br>**Despertar a curiosidade e o interesse do aluno.** |
|---|---|
| Despertar perceptivo | Crie situações que surpreendam o aluno, estimulando sua criatividade e admiração. |
| Estímulo a questionamentos | Crie situações que desafiem os alunos a gerar questionamentos, oferecendo problemas de difícil resolução. |
| Métodos variados | Incorpore métodos de ensino diferenciados, para cultivar o interesse dos estudantes. |
| R | **Relevância**<br>**Estabelecer ligações entre as necessidades, os interesses e as motivações do aluno.** |
| Orientação de metas | Descreva como o conhecimento será relevante na vida do aluno hoje e futuramente. |
| Correspondência de motivos | Possibilite métodos de aprendizagem consonantes com as necessidades e motivações dos educandos. |
| Familiaridade | Forneça exemplos que apresentem ligações com as experiências do aluno e que estejam relacionados ao problema proposto. |
| C | **Confiança**<br>**Desenvolver expectativas positivas para que o aluno alcance o sucesso.** |
| Requisitos de desempenho | Forneça padrões de aprendizagem e estabeleça critérios de avaliação. |
| Oportunidades de sucesso | Apresente formas e níveis variados de desafios, a fim de que os alunos experimentem o sucesso. |
| Controle pessoal | Empregue técnicas para que os estudantes atribuam seu sucesso ao desenvolvimento de suas habilidades e ao esforço pessoal. |
| S | **Satisfação**<br>**Incentivar e recompensar o aluno.** |
| Incentivo intrínseco | Incentivar e apoiar a sensação de realização a partir de uma experiência de aprendizagem. |
| Recompensas extrínsecas | Fornecer *feedback* positivo e motivacional. |
| Consistência | Manter padrões consistentes que incentivem os alunos a buscar o sucesso nas tarefas propostas. |

Fonte: Seel et al., 2017, p. 67, tradução nossa.

O modelo ARCS foi concebido para ser empregado em projetos instrucionais em ambientes e contextos educacionais variados, como salas de aula tradicionais, em treinamentos corporativos e no desenvolvimento profissional. Ele pode ser de grande valia na complementação de outros modelos de DI, contribuindo significativamente para o desenvolvimento de materiais e estratégias para os ensinos *on-line* e a distância.

## SÍNTESE

Neste capítulo, vimos que o design instrucional (DI) clássico segue um processo conhecido por ADDIE, o qual possui cinco fases distintas. Na análise, o problema instrucional é esclarecido e as metas, os objetivos de aprendizagem, as habilidades e os conhecimentos necessários são definidos, além do próprio ambiente de aprendizagem a ser utilizado. Já na fase de design, os conteúdos e instrumentos de avaliação são desenvolvidos, assim como a documentação referente à estratégia de design instrucional adotada, ao design visual e aos elementos técnicos do projeto. Seguem-se, então, as fases de desenvolvimento, implementação e avaliação formativa e somativa de todo o processo ADDIE. Com isso em mente, verificamos que o DI pode estar configurado como fixo ou fechado, aberto ou *on the fly* e contextualizado, bem como abordamos as principais características de cada um desses modelos.

Elementos de várias disciplinas da área do design e do campo da aprendizagem são somados para o desenvolvimento do modelo *learning eXperience design* (LXD), o qual foca no ser humano, por meio de uma abordagem voltada à solução de problemas. Assim, abordamos seus principais fundamentos e as qualidades necessárias ao profissional denominado LX designer.

O design emocional também se faz presente no desenvolvimento de soluções em DI. Dessa forma, apresentamos o modelo ARCS, criado por John Keller, o qual se concentra nos componentes da motivação para a criação de elementos motivacionais a serem utilizados em ambientes de aprendizagem e que podem ser empregados tanto em contextos da sala de aula tradicional quanto no treinamento profissional e corporativo. Além disso, consideramos que seus fundamentos podem ser utilizados na produção de materiais e no desenvolvimento de estratégias para uma aprendizagem significativa em soluções de DI *on-line* e a distância.

QUESTÕES PARA REVISÃO

1. O modelo *learning eXperience design* (LXD) incorpora elementos de várias disciplinas relativas às áreas do design, tais como design de interação, *user experience* (UX) e design gráfico, e se utiliza de conceitos e fundamentos do campo da aprendizagem. Em relação ao LXD, indique se as seguintes considerações são verdadeiras (V) ou falsas (F).

   ( ) Os métodos, as habilidades e as ferramentas do design foram adaptados para serem utilizados na criação de experiências de aprendizagem.

   ( ) Tem seu design centrado no ser humano, em uma abordagem voltada para a solução de problemas.

( ) O design de interface não é uma preocupação imediata.
( ) O *learning eXperience* compõe-se de vários elementos de design que criam um ambiente de aprendizagem.
( ) O conteúdo multimídia tem um papel secundário e fixo no processo de ensino-aprendizagem, sendo que não há como o designer organizar e configurar esse tipo de conteúdo no ambiente.

Agora, assinale a alternativa que corresponde à sequência correta:

a. F, V, F, V, F.
b. F, F, F, V, F.
c. V, V, F, F, F.
d. V, V, F, V, F.
e. F, V, V, F, F.

2. (FAURGS – 2022 – SES-RS) Um dos modelos de desenvolvimento mais utilizados no design instrucional é conhecido como ADDIE, sendo que cada letra dessa sigla equivale a uma etapa do modelo. Qual das alternativas abaixo **NÃO** apresenta uma etapa desse modelo?

a. Implementação.
b. Ensaio.
c. Desenvolvimento.
d. Avaliação.
e. Design.

3. (INSTITUTO AOCP – 2019 – IBGE) É possível considerar que há três tipos de Design Instrucional: fixo, aberto e contextualizado. Sobre o Design Instrucional aberto, assinale a alternativa INCORRETA.

   a. Também é denominado design *on the fly*.
   b. O Designer privilegia os processos mais do que os produtos da aprendizagem.
   c. Esse tipo propõe uma aprendizagem mais flexível e dinâmica, por meio de um ambiente menos estruturado, com mais links, encaminhando às referências externas.
   d. É aquele cuja ação de planejar, desenvolver e aplicar situações didáticas específicas parte da intenção de incorporar, tanto na fase de concepção como durante a implementação, mecanismos de contextualização e flexibilização.
   e. Implica menor qualidade de mídias devido à escassez de tempo necessário para produzi-las.

4. Explique a diferença entre os designs instrucionais fixo e aberto.

5. Sintetize as principais características do design instrucional contextualizado.

QUESTÃO PARA REFLEXÃO

1. Tomando o Quadro 2.1 ("Qualidades do LX designer") como referência, elabore um *checklist* e faça uma autoavaliação de suas qualidades. A partir dos resultados obtidos, reflita sobre seus pontos fracos e analise como você pode superá-los para se adequar ao perfil de um *LX designer*.

Chansamran_Studio/Shutterstock

# CAPÍTULO 3

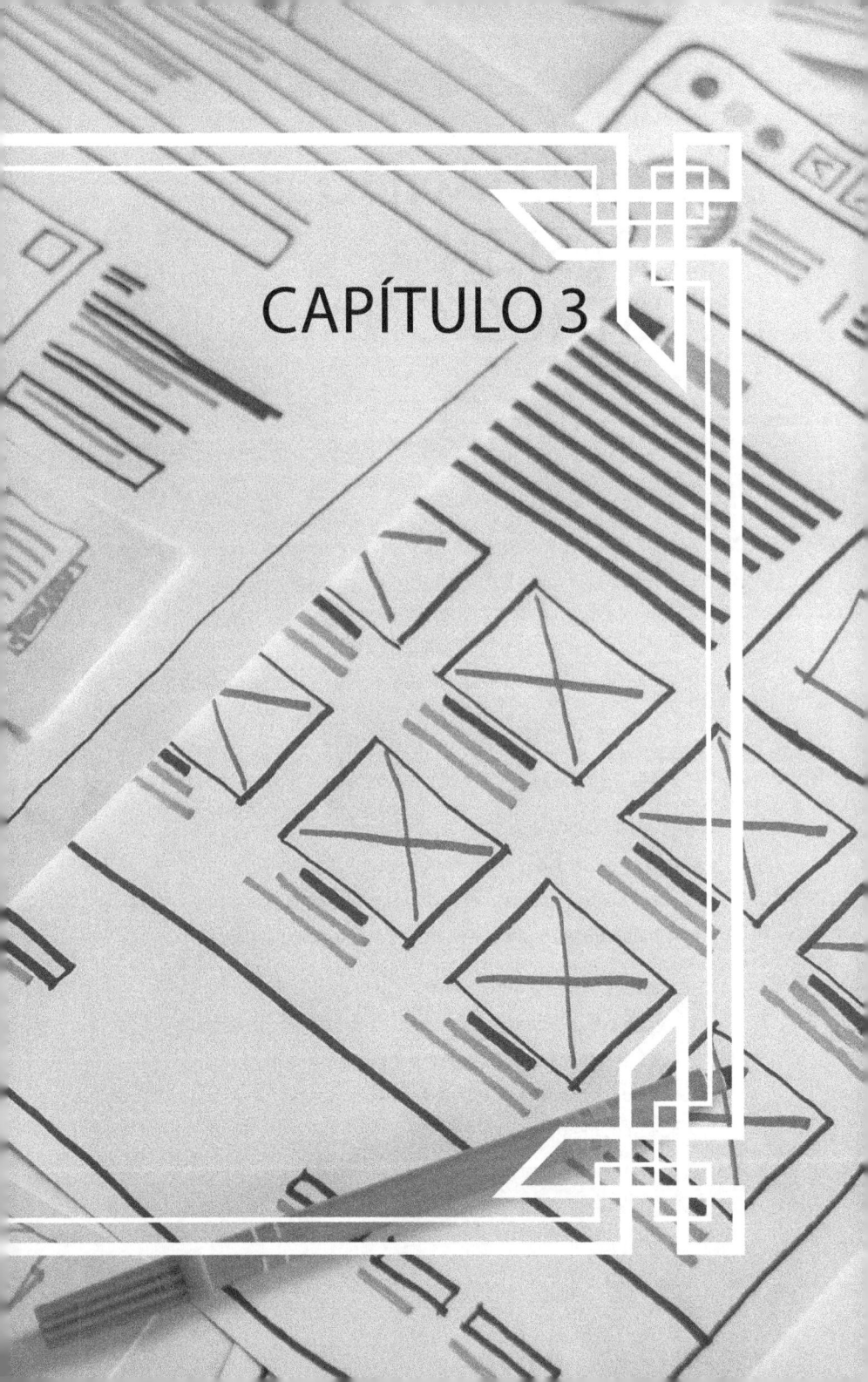

# DETALHANDO O DESIGN INSTRUCIONAL

CONTEÚDOS DO CAPÍTULO:
- Design de unidades de aprendizagem.
- Como elaborar matrizes e trilhas de aprendizagem no design instrucional.
- A importância dos processos avaliativos no design instrucional.

APÓS O ESTUDO DESTE CAPÍTULO, VOCÊ SERÁ CAPAZ DE:
1. compreender o planejamento de unidades de aprendizagem;
2. explicar o conceito de matriz de design instrucional;
3. entender o conceito de trilhas de aprendizagem;
4. aplicar os métodos e processos avaliativos ao design instrucional.

Neste capítulo, vamos entrar em mais detalhes acerca dos processos do design instrucional (DI). Mostraremos em que consistem as unidades de aprendizagem (UAs) e também como elaborar uma matriz de DI. Dada a relevância dos objetivos de aprendizagem, abordaremos a taxionomia de Bloom e seus domínios afetivo, cognitivo e psicomotor, bem como sua aplicação na elaboração dos objetivos de aprendizagem. Também, trataremos das trilhas de aprendizagem como ferramentas a serem aplicadas no DI. Por fim, discutiremos os modelos de avaliação empregados nos processos instrucionais.

## 3.1 O que são unidades de aprendizagem?

Uma unidade de aprendizagem (UA) é definida por Filatro (2008, p. 43) como "uma unidade atômica ou elementar que contém os elementos necessários ao processo de ensino/aprendizagem". A autora ressalta que uma UA pode abranger o currículo completo de um curso ou até mesmo ser apenas uma atividade de curta duração. Ainda, ela não pode ser subdividida, deve ter duração definida e é autocontida em relação aos processos, objetivos e conteúdos.

Assim, o design de uma UA precisa ser direcionado a um ou mais objetivos de aprendizagem, e para que as pessoas possam alcançá-los, devem assumir diferentes papéis durante o processo. É importante que as atividades propostas contem com o suporte de conteúdos e ferramentas organizadas em um ambiente de aprendizagem e sigam um fluxo constante, para que as pessoas possam realizá-las em determinado período de tempo. A esse respeito, também é interessante estabelecer mecanismos de avaliação, a fim de verificar se os objetivos de aprendizagem foram alcançados ao final da UA e avaliar a estrutura educacional.

Em síntese, as UAs são compostas por vários objetos educacionais que possibilitam ao aluno fazer um processo de imersão nos conteúdos, de modo a criar uma relação dialógica entre a teoria e a prática por meio da aplicação das metodologias ativas de aprendizagem, como a aprendizagem baseada em problemas, a sala de aula invertida, entre outras.

Os elementos básicos de uma UA podem ser organizados com base em uma matriz de DI, como veremos a seguir.

## 3.2 A matriz de design instrucional

A matriz de DI é uma ferramenta visual para organizar o planejamento de um curso, uma disciplina ou um treinamento. Deve ser elaborada pelo designer instrucional com o intuito de fornecer informações detalhadas, permitindo a visualização dos diversos elementos que compõem o planejamento.

Na matriz, também é possível estabelecer os níveis de interação entre aluno-conteúdos, aluno-ferramentas, aluno-professor e aluno-aluno, assim como o tipo de ambiente virtual que suporta as ferramentas e atividades propostas.

Assim, podemos pensar em estruturar uma matriz como sugere o exemplo do Quadro 3.1.

Quadro 3.1 – **Matriz de DI**

| Unidade de aprendizagem | Objetivos de aprendizagem | Papéis | Atividades | Carga horária | Ferramentas | Conteúdo programático | Avaliação |
|---|---|---|---|---|---|---|---|
| 1 Introdução à história da animação | Conhecer os princípios da animação no contexto histórico. | Tutor | Tirar dúvidas sobre o conteúdo. | 1h/1 semana | Editor de textos *on-line*. *Player* de vídeo. *Player* de áudio para *podcast*. | • Os primórdios da animação<br>• Principais animadores<br>• Linha do tempo da animação | Realizar teste com dez questões. |
| | | Aluno | Fazer a leitura dos textos, assistir aos vídeos e ouvir os *podcasts*. Criar uma síntese sobre o tema. | | | | |
| 2 Técnicas de animação 2D | Compreender as principais técnicas de animação 2D. | Tutor | Acompanhar as videoaulas e direcionar as dúvidas dos alunos ao professor. | 2h/1 semana | *Player* para videoaula síncrona. Leitor de *e-book*. Mecanismos de busca para *webquest*. | • O papel da Disney na animação<br>• *Cutout animation* | Participar da discussão sobre as videoaulas. Participar do grupo para resolver a situação-problema proposta na *webquest*. |
| | | Aluno | Fazer a leitura da unidade 2 do *e-book*. Participar do *chat* na videoaula. Participar da atividade *webquest*. | | | | |

Fonte: Elaborado com base em Filatro, 2008.

No exemplo, note que, a partir da determinação da UA, foram estabelecidos os seguintes elementos: objetivos de aprendizagem; papéis do tutor e do aluno, assim como suas respectivas atividades; carga horária de acordo com duração e período; objetos de aprendizagem (OAs) e/ou ferramentas utilizadas; conteúdo programático; tipo de avaliação que será realizada pelo aluno.

Em relação aos objetivos de aprendizagem, ressaltamos que estes não se referem ao que deve ser alcançado pelo material proposto ou pelo curso, mas sim ao que o aluno deverá atingir. Em regra, tais objetivos devem ser apresentados por um verbo de ação relacionado ao conteúdo tratado na UA. A fim de elaborar os objetivos de aprendizagem, podemos recorrer à taxonomia de Bloom, que organiza hierarquicamente o conhecimento com base nos domínios cognitivo, afetivo e psicomotor.

De acordo com Bloom, Krathwohl e Masia (1972), o domínio cognitivo diz respeito à recordação ou à reprodução de um conteúdo aprendido, combinando e sintetizando novas ideias e materiais. Já o afetivo se relaciona a sentimentos e emoções, assim como à aceitação ou à rejeição. Por fim, o psicomotor trata das habilidades motoras e do manuseio de objetos ou materiais.

O domínio cognitivo é, frequentemente, o mais utilizado na elaboração de objetivos de aprendizagem e avaliações e se divide em seis níveis de acordo com sua complexidade, os quais são hierarquicamente organizados do mais simples ao mais complexo e podem ser expressos por verbos considerando o nível hierárquico, como podemos observar na Figura 3.1.

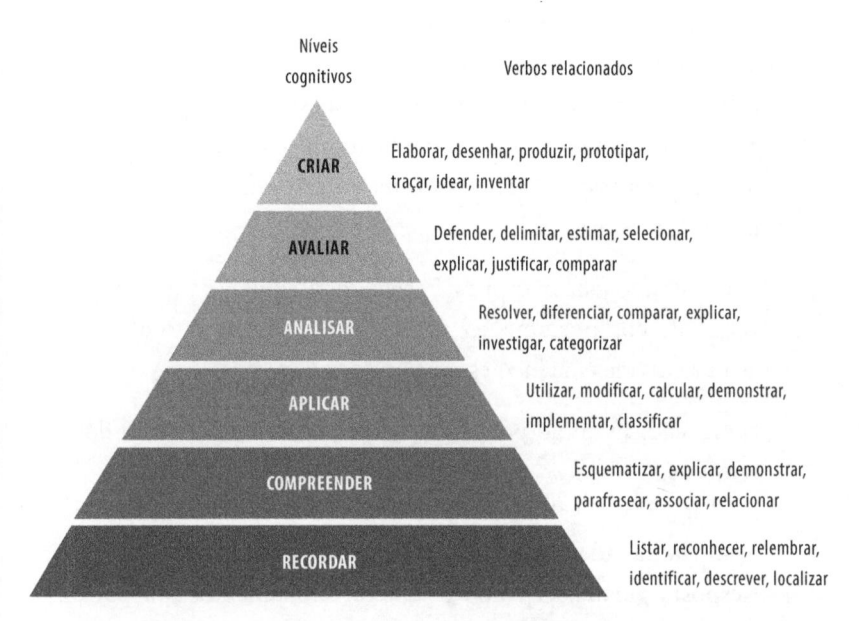

Figura 3.1 – **Níveis do domínio cognitivo e os verbos relacionados**

Níveis cognitivos / Verbos relacionados

- **CRIAR**: Elaborar, desenhar, produzir, prototipar, traçar, idear, inventar
- **AVALIAR**: Defender, delimitar, estimar, selecionar, explicar, justificar, comparar
- **ANALISAR**: Resolver, diferenciar, comparar, explicar, investigar, categorizar
- **APLICAR**: Utilizar, modificar, calcular, demonstrar, implementar, classificar
- **COMPREENDER**: Esquematizar, explicar, demonstrar, parafrasear, associar, relacionar
- **RECORDAR**: Listar, reconhecer, relembrar, identificar, descrever, localizar

Fonte: Elaborada com base em Bloom; Krathwohl; Masia, 1972.

No domínio afetivo, o aluno deve interagir com a informação de maneira pessoal e emocional. Com base na taxinomia de Bloom, esse domínio se divide em cinco estágios:

I. **Atenção/recepção:** Os estímulos são passivamente recebidos pelos alunos. Verbos associados: *ouvir, atender, aceitar, receber, favorecer*.

II. **Resposta:** O aluno recebe os estímulos e reage a eles. Verbos associados: *especificar, responder, completar, listar, gravar, derivar*.

III. **Valorização:** O aluno atribui valores aos estímulos recebidos. Verbos associados: *aceitar, reconhecer, participar, decidir, influenciar*.

IV. **Organização:** O aluno organiza os estímulos recebidos por meio de sua referência. Verbos associados: *organizar, julgar, relacionar, formar, selecionar.*

V. **Caracterização:** O aluno internaliza os estímulos e passa a ser percebido como figura representativa dos estímulos recebidos. Verbos associados: *revisar, modificar, julgar, demonstrar, identificar.*

Já o domínio psicomotor está relacionado a uma mudança ou alteração de comportamento. Assim como no domínio afetivo, também se divide em cinco estágios:

I. **Percepção:** O aluno percebe o mundo exterior por meio dos sentidos.

II. **Predisposição:** O aluno se encontra em um estado físico, mental e emocional adequado.

III. **Resposta guiada:** O aluno recebe direcionamentos por parte de professores ou tutores para a realização de determinadas tarefas.

IV. **Resposta mecânica:** Em um processo guiado, a resposta ocorre de forma automatizada.

V. **Resposta completa e clara:** O aluno realiza ações de forma clara e efetiva.

Desse modo, ao elaborarmos os objetivos de aprendizagem, devemos estar atentos à aplicação de uma taxonomia para organizar e esquematizar hierarquicamente o conhecimento, como explicamos nos parágrafos anteriores.

Outro item a ser observado quanto à matriz de DI se refere aos papéis, os quais no *e-learning* configuram-se, basicamente, em dois: o do aluno e o do educador. Em relação ao educador, tal papel pode ser assumido pelo tutor, monitor, especialista ou outros que venham a prestar apoio ao processo de aprendizagem. O aluno, por sua vez, também pode assumir outros papéis, de acordo com a atividade a ser realizada, como aponta Filatro (2008, p. 46): "podemos refinar os papéis em atividades mais complexas. [...] em um debate no fórum, um aluno pode ser o moderador e o outro pode ser o relator de uma síntese. Em avaliações entre pares, o papel do avaliador pode ser atribuído a um dos alunos, enquanto o outro permanece apenas como aluno".

As atividades devem ser elaboradas com o intuito de contribuir para o alcance dos objetivos de aprendizagem propostos. A esse respeito, o designer instrucional pode criar atividades que explorem as potencialidades do *e-learning*, adaptando técnicas de aprendizado ao meio eletrônico, como no caso da técnica *minute paper*, que tem por objetivo verificar rapidamente se os alunos compreenderam determinado tema. Nessa técnica, o professor questiona sobre o tema ou tópico abordado e os alunos têm um minuto para escrever sua resposta em papel, adaptando-a para os meios eletrônicos. Essa atividade pode ser realizada em momentos síncronos via plataformas, como o Skype™, o Microsoft Teams ou o Zoom, e funciona da seguinte forma: o professor faz a pergunta, e os alunos têm um minuto para digitar a resposta no *chat*. Após esse tempo, os alunos clicam no botão "Enter" para enviá-la. Desse modo, todos os participantes podem ler as respostas postadas e compará-las com as próprias respostas, inspirando momentos de reflexão e análise.

Outra atividade que pode ser adaptada e utilizada para envolver os alunos em determinado tema é a *webquest*, uma proposta desenvolvida por Bernie Dodge em 1995. Nessa atividade, realiza-se uma investigação orientada na qual todos os recursos necessários para a resolução de uma situação-problema proposta devem ser encontrados em *sites* selecionados da internet, opcionalmente apoiadas em videoconferências.

As atividades propostas deverão estar organizadas de acordo com um fluxo, em que os eventos instrucionais são planejados pelo designer instrucional. Filatro (2008) divide tais eventos em quatro grandes blocos, como podemos acompanhar na Figura 3.2.

Figura 3.2 – **Blocos dos eventos instrucionais**

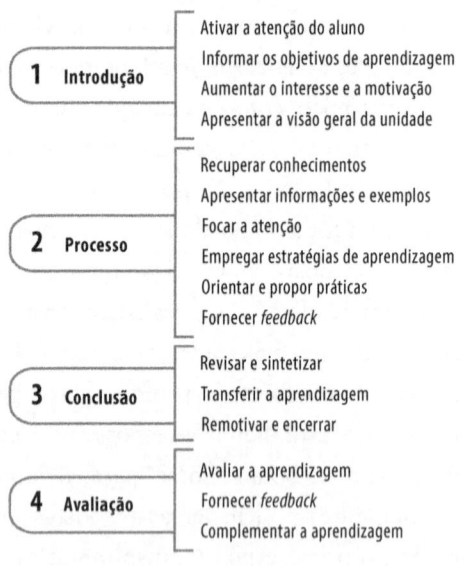

**1 Introdução**
- Ativar a atenção do aluno
- Informar os objetivos de aprendizagem
- Aumentar o interesse e a motivação
- Apresentar a visão geral da unidade

**2 Processo**
- Recuperar conhecimentos
- Apresentar informações e exemplos
- Focar a atenção
- Empregar estratégias de aprendizagem
- Orientar e propor práticas
- Fornecer *feedback*

**3 Conclusão**
- Revisar e sintetizar
- Transferir a aprendizagem
- Remotivar e encerrar

**4 Avaliação**
- Avaliar a aprendizagem
- Fornecer *feedback*
- Complementar a aprendizagem

Fonte: Elaborada com base em Filatro, 2008.

É necessário que as ferramentas e funcionalidades de que o aluno necessitará para participar da atividade estejam dispostas na matriz de DI, como em nosso exemplo, em que listamos um editor de textos *on-line* para o aluno escrever a síntese, os *players* necessários para que ele acesse o *podcast* e a videoaula síncrona e as ferramentas de busca a serem utilizadas na atividade de *webquest*. Cabe ressaltar que há uma infinidade de ferramentas e recursos aos quais é possível recorrer no *e-learning*, e é importante que cada um deles, ao ser usado em uma atividade específica ou UA, conste na matriz de DI.

Por fim, a avaliação nos fornece dados que permitem verificar o atingimento dos objetivos da unidade por parte do aluno e pode ser realizada por meio de testes, do acompanhamento do processo ou de outra forma que se julgue apropriada para aferir e validar o aprendizado.

Nessa ótica, é importante que o designer instrucional revise e avalie a matriz considerando o olhar do aluno. Isso significa que esse profissional deve identificar se a proposta está clara, se os elementos das UAs estão em consonância com os objetivos propostos e se o fluxo dos elementos está significativamente conectado para o andamento do curso como um todo. Vale mencionar que esse tipo de planejamento pode ser aplicado no DI fixo, com ênfase nos conteúdos e nas atividades individuais, e no DI aberto, com foco direcionado a atividades em grupo mediante o suporte de ferramentas de colaboração e interação.

## 3.3 Trilhas de aprendizagem

Uma trilha de aprendizagem é composta por uma sequência de atividades práticas e teóricas que têm o objetivo de possibilitar a construção de um conhecimento específico por meio de recursos variados, tais como: livros, *podcasts*, artigos, vídeos, videoaulas síncronas e assíncronas, *games*, fóruns etc.

De acordo com a organização dos módulos de aprendizagem, as trilhas podem ser lineares ou agrupadas. Nas lineares, há uma sequência lógica, estabelecida pelo designer instrucional, a ser cumprida pelo aluno, ou seja, ele deve finalizar um módulo para, então, iniciar outro. É interessante recorrer a essa forma ao se trabalhar com conteúdos que dependem de pré-requisitos sem os quais o aluno não é capaz de resolver ou compreender a etapa posterior.

Já nas trilhas agrupadas, os módulos não possuem ordem predefinida, ou seja, um número mínimo de módulos que devem ser concluídos pelo aluno é estipulado. Assim, ele é o responsável pelo seu processo de aprendizagem e pode escolher quais módulos são mais significativos para seu aprendizado e em qual ordem deve acessá-los. Esse modelo incentiva a autonomia dos estudantes.

Para criar uma trilha de aprendizagem, o designer instrucional deve, a princípio, analisar e identificar as necessidades de aprendizagem e as competências a serem desenvolvidas no curso a ser elaborado, para seguir uma metodologia de DI conforme abordamos anteriormente, estruturando uma matriz adequada à proposta do curso a ser elaborado.

## 3.4 A avaliação no design instrucional

A avaliação faz parte do processo de ensino-aprendizagem, pois é a partir dela que obtemos dados sobre o progresso do aprendizado do aluno em relação aos objetivos propostos, bem como sobre a efetividade da solução instrucional proposta e das estratégias educacionais aplicadas no decorrer da UA ou do curso como um todo. Libâneo (2006, p. 196) define avaliação como "um componente do processo de ensino que visa, através da verificação e qualificação dos resultados obtidos, determinar a correspondência destes com os objetivos propostos e, daí, orientar a tomada de decisões em relação às atividades didáticas seguintes".

Sob essa perspectiva, o designer instrucional tem como responsabilidade avaliar, revisar e validar todo o processo. Para isso, deve utilizar instrumentos próprios de avaliação, gerando dados para fundamentar possíveis alterações e adequações à solução implementada.

Diante do exposto, a avaliação pode ocorrer de três formas: inicial ou diagnóstica; formativa; e somativa, como analisaremos a seguir.

### 3.4.1 Avaliação: inicial ou diagnóstica, formativa e somativa

A avaliação inicial ou diagnóstica é usada para verificar os conhecimentos e as habilidades que os alunos possuem previamente e, dessa forma, possibilitar a criação de mecanismos que possam auxiliar aqueles que não apresentam os requisitos necessários para acompanhar o curso de modo eficaz. Nesse tipo de avaliação, podemos propor a realização de provas, atividades, questionários, entrevistas, redações ou outra ferramenta que propicie a obtenção de dados prévios a respeito do domínio de conhecimento e do nível de habilidades dos alunos, de acordo com o que for necessário para o cumprimento dos objetivos de aprendizagem do curso proposto.

Com base nos dados obtidos por meio da avaliação diagnóstica, também é possível identificar o progresso e as dificuldades encontradas pelos alunos ao longo do curso e, se necessário, promover alterações de conteúdo e personalizar o aprendizado, sugerindo caminhos alternativos aos grupos de alunos conforme o perfil levantado. Nessa ótica, pode-se estimulá-los a seguir trabalhando no sentido de alcançar resultados positivos e, consequentemente, cumprir com os objetivos de aprendizagem propostos em uma UA ou no curso em si.

A avaliação formativa pressupõe o acompanhamento dos alunos durante toda uma UA ou de um curso. Ela é útil para verificar se eles estão conseguindo atender aos objetivos de aprendizagem propostos e identificar se estão aptos para iniciar uma nova UA. Levando em conta que cada aluno tem um ritmo de aprendizagem próprio, é importante que os estudantes recebam *feedbacks* constantes durante essa fase, o que lhes permitirá rever e reorientar suas práticas, além de auxiliá-los a cumprirem com os objetivos elencados.

Por sua vez, a avaliação somativa é tradicionalmente conhecida como prova ou exame. Realizada ao final de uma UA ou curso, implica diretamente na classificação dos alunos conforme o nível de aproveitamento estabelecido anteriormente. Nesse tipo de avaliação, são atribuídos notas ou conceitos, de forma quantitativa, a fim de metrificar o nível de aprendizado atingido pelos estudantes. De acordo com Filatro (2008, p. 32), "a avaliação somativa se delimita a verificar a efetividade da transmissão e a reprodução dos conteúdos, apenas um dos aspectos do processo educacional". Ela pressupõe uma análise mais completa do processo de ensino-aprendizagem e, assim, fornece mais informações para o aperfeiçoamento da solução instrucional proposta (Filatro, 2008).

No Quadro 3.2, na sequência, sintetizamos as principais funções das avaliações diagnóstica, formativa e somativa.

Quadro 3.2 – **Funções das avaliações diagnóstica, formativa e somativa**

| Modalidade | Função/propósito | Quando aplicar |
|---|---|---|
| Diagnóstica | Diagnosticar; entender e identificar o conhecimento prévio e as habilidades necessárias para o cumprimento dos objetivos de aprendizagem. | Antes do início do processo de aprendizagem; no início de uma UA ou de um módulo. |
| Formativa | Promover o acompanhamento, verificando se os alunos estão atendendo aos objetivos de aprendizagem propostos. Fornecer *feedback* aos estudantes e professores sobre o progresso no decorrer da unidade, do módulo ou do curso. | Durante todo o processo. |
| Somativa | Classificar quantitativamente os alunos, por meio da metrificação obtida mediante notas e conceitos. | Ao final de uma unidade de aprendizagem, de um módulo ou de um curso. |

O designer instrucional deve acompanhar como os alunos estão interagindo com o conteúdo, com as ferramentas de aprendizagem propostas e com os demais alunos, professores, tutores, entre outros elementos da solução instrucional, comparando os resultados obtidos nas três formas de avaliação, conforme vimos anteriormente. Assim, será possível propor melhorias e aperfeiçoamentos para novas UAs, bem como para as próximas edições do curso.

Dessa forma, os dados e as informações levantados ao longo do processo de avaliação auxiliam o designer instrucional a entender melhor o público-alvo do curso e a identificar as necessidades de aprendizagem, a fim de promover soluções adequadas para a concepção do DI das UAs, estabelecendo padrões de qualidade tanto por meio do resultado das avaliações formativas quanto das somativas.

### 3.4.2 Avaliação aplicada aos objetos de aprendizagem

Os objetos de aprendizagem (OAs) ou *learning objects* (LOs) são aplicados tanto nas modalidades presenciais quanto nas realizadas virtualmente e devem ser constantemente avaliados quanto a sua qualidade e eficiência quando aplicados ao processo de ensino-aprendizagem.

Para sua avaliação, podemos utilizar duas ferramentas: *learning object rating instrument* (Lori), a mais utilizada; e *learning object evaluation instrument* (Loei), desenvolvida para a educação básica. Ambas seguem os critérios do *Collaborative Learning Object Exchange* (Cloe), propostos pela Universidade de Waterloo, localizada em Ontário (Canadá), conforme relacionamos no Quadro 3.3.

Quadro 3.3 – **Critérios do *Collaborative Learning Object Exchange* (Cloe)**

| 1 | O conteúdo do objeto de aprendizagem é preciso. |
|---|---|
| 2 | O uso da tecnologia é apropriado para o conteúdo. |
| 3 | O conteúdo é apresentado de modo claro e profissional. |
| 4 | As referências acadêmicas são fornecidas apropriadamente. |
| 5 | São atribuídos os devidos créditos aos criadores do material/conteúdo. |
| 6 | Os objetivos de aprendizagem são apresentados de forma clara. |
| 7 | O objeto de aprendizagem atende aos objetivos de aprendizagem. |
| 8 | Os alunos-alvo são claramente identificados. |
| 9 | Existem instruções claras para o uso do objeto de aprendizagem. |
| 10 | A tecnologia auxilia os alunos a se envolverem com o conceito/a habilidade/a ideia. |
| 11 | O objeto de aprendizagem oferece aos alunos a oportunidade de obter *feedback* dentro ou fora do próprio objeto. |
| 12 | O autor fornece evidências de que o objeto de aprendizagem potencializa o aprendizado. |
| 13 | Os pré-requisitos de conhecimentos e as habilidades necessárias são identificados. |
| 14 | O objeto de aprendizagem é autônomo e pode ser utilizado em outros ambientes de aprendizagem. |
| 15 | O objeto de aprendizagem é fácil de ser utilizado (navegação, controle do usuário). |
| 16 | O autor indica se o objeto de aprendizagem é acessível para alunos com necessidades especiais. |
| 17 | Os requisitos técnicos necessários para o objeto de aprendizagem são fornecidos |

Fonte: Elaborado com base em Cloe, 2022.

O Lori se baseia em critérios fundamentados no DI, no design multimídia e na psicologia educacional. A ferramenta destina-se à revisão por pares de OAs, empregando uma escala de classificação de cinco pontos para avaliar as nove dimensões de qualidade, como podemos observar no Quadro 3.4, a seguir.

Quadro 3.4 – **Dimensões de qualidade dos objetos de aprendizagem no modelo Lori**

| Dimensão | Critérios |
|---|---|
| Qualidade do conteúdo | Veracidade, precisão, apresentação equilibrada das ideias, nível de detalhamento apropriado. |
| Alinhamento com os objetivos de aprendizagem | Alinhamento entre os objetivos de aprendizagem, as atividades e as características do aluno. |
| Feedback e adaptação | Conteúdo adaptativo ou feedback adequado às características e necessidades do aluno. |
| Motivação | Habilidade de motivar e estimular o interesse ou a curiosidade de determinado grupo de alunos. |
| Design de apresentação | Design de informações visuais e auditivas que forneçam um aprendizado eficiente. |
| Usabilidade de interação | Facilidade de navegação, interface amigável e previsível, qualidade dos recursos de ajuda ao usuário. |
| Acessibilidade | Suporte aos alunos com algum tipo de necessidade especial. |
| Reusabilidade | Capacidade de portabilidade entre diferentes cursos ou contextos de aprendizagem sem haver a necessidade de modificações. |
| Conformidade com os padrões | Aderência aos padrões e às especificações internacionais, como o padrão *IEEE Learning Object Metadata*. |

Fonte: Elaborado com base em Northrup, 2007.

Considerando tais dimensões como referência, podemos afirmar que a avaliação pode ser realizada em dois níveis: pelos critérios de conteúdo e pelos critérios de design. Os primeiros abrangem a qualidade do conteúdo em si e seu potencial para a eficácia do processo de ensino-aprendizagem, enquanto os de design devem ser avaliados quanto à usabilidade, interatividade e reusabilidade.

O Loei é baseado nos critérios do Cloe e do Lori adaptados às necessidades da educação básica. Possui 14 critérios de avaliação relacionados a aspectos como integridade, usabilidade, aprendizado, design e foco de valores de um OA. Uma das vantagens do Loei em relação ao Lori diz respeito ao fato de que cada critério é mais específico ao se referir a um único atributo, sendo direcionado à qualidade e à utilidade e contextualizado de acordo com as necessidades pedagógicas dos professores dos ensinos fundamental e médio em relação ao uso de OAs em tais níveis escolares.

### 3.4.3 Avaliação aplicada aos modelos de design instrucional (fixo, aberto e contextualizado)

A fase de avaliação é implementada conforme o modelo de DI aplicado na solução instrucional proposta. No DI fixo, como os conteúdos são fechados, a avaliação é realizada durante a fase de desenvolvimento da solução por meio de validações intermediárias, testes-piloto e revisões cuidadosas. Após sua implementação, o designer instrucional deve avaliar se a solução instrucional atingiu os objetivos propostos, fundamentando possíveis alterações para edições posteriores. Nesse modelo, a avaliação em relação aos objetivos de aprendizagem, aquela realizada para aferir o conhecimento adquirido pelo aluno, é mais objetiva e direta.

Por sua vez, no DI aberto deve-se, preferencialmente, aplicar o tipo de avaliação formativa no decorrer de todo o processo, a fim de propiciar alterações e ajustes pontuais na trajetória da solução. Tais alterações podem ser realizadas pelo próprio docente responsável, pois, nesse modelo, como já mencionamos anteriormente, esse profissional tem autonomia para alterar o design do ambiente virtual, desde que fundamentado em dados concretos obtidos por meio das avaliações realizadas ao longo do processo. No DI aberto, são realizadas atividades de avaliação entre pares, voltadas ao aprendizado colaborativo.

Por fim, no DI contextualizado, Filatro (2008, p. 32) aponta que "não existe uma única fórmula instrucional verdadeira, mas sim equipes diferentes [...] que podem construir ou gerar uma solução menos ou mais adequada". Diante disso, pressupõe-se que devemos utilizar métodos de avaliação alternativos, como projetos, portfólios, análises de desempenho/processo, autoavaliações, entre outros que procuram avaliar a aquisição de conhecimento em um processo de médio/longo prazo.

## SÍNTESE

Neste capítulo, demonstramos o que são as unidades de aprendizagem (UAs) e explicamos que elas devem ser direcionadas a um ou mais objetivos de aprendizagem, suportadas por conteúdos e ferramentas organizados de tal forma que as pessoas possam realizá-los em um período de tempo predefinido. Essa organização pode ser planejada pelo designer instrucional por meio da elaboração de uma matriz de design instrucional (DI), que apresenta as UAs e os respectivos objetivos de aprendizagem, os quais devem atender a uma taxonomia, como a de Bloom, para serem elaborados. É importante que as atividades propostas sigam um fluxo em conformidade com os eventos instrucionais. Além disso, é interessante recorrer a diversos recursos e ferramentas com vistas a fornecer os elementos necessários para que os alunos atinjam os objetivos propostos.

Também abordamos as trilhas de aprendizagem, as quais, no *e-learning*, podem se constituir recursos importantes para o planejamento de cursos a distância, uma vez que elas podem ser estruturadas em atividades que exploram as potencialidades das plataformas de EaD.

Além disso, é fundamental avaliar o processo e o desempenho dos estudantes, verificando se os objetivos foram alcançados ou se há alguma dificuldade técnica ou teórica no modelo criado. Isso se torna relevante para que o designer instrucional possa sugerir e realizar alterações no processo ou no conteúdo da UA. A esse respeito, apresentamos os modelos de avaliação aplicados aos OAs e vimos como a avaliação é abordada nos modelos de DI fixo, aberto e contextualizado.

QUESTÕES PARA REVISÃO

1. Como se chama a unidade atômica ou elementar que contém os elementos necessários ao processo de ensino-aprendizagem e é composta por vários objetos educacionais?

    a. Matriz de design instrucional.
    b. ADDIE.
    c. Unidade de aprendizagem.
    d. Trilha de aprendizagem.
    e. Ferramenta de aprendizagem.

2. Em relação aos estágios do domínio afetivo com base na taxionomia de Bloom, indique se as seguintes considerações são verdadeiras (V) ou falsas (F).

( ) No estágio da percepção, o aluno recebe os estímulos e reage a eles.
( ) No estágio de valorização, o aluno atribui valores aos estímulos recebidos.
( ) Na caracterização, o aluno se encontra em um estado físico, mental e emocional adequado.
( ) Com base na resposta guiada, o aluno organiza os estímulos recebidos a partir de sua referência.
( ) No estágio de atenção/recepção, os estímulos são passivamente recebidos pelos alunos.

Agora, assinale a alternativa que corresponde à sequência correta:

a. F, V, F, V, F.
b. F, F, F, V, F.
c. V, V, F, F, F.
d. F, V, F, F, V.
e. F, V, V, F, F.

3. Ao aplicarmos a taxionomia de Bloom na elaboração dos objetivos de aprendizagem em uma unidade de aprendizagem (UA), utilizamos um verbo de ação relacionado ao conteúdo tratado. Assinale a alternativa que contém os verbos referentes ao nível cognitivo "compreender" da taxionomia de Bloom:

a. Elaborar, desenhar, produzir, prototipar.
b. Esquematizar, explicar, demonstrar, parafrasear.

- c. Defender, delimitar, estimar, selecionar.
- d. Listar, reconhecer, relembrar, identificar.
- e. Resolver, diferenciar, defender, produzir.

4. Liste e explique os quatro grandes blocos dos eventos instrucionais.

5. Sintetize os dois modos de trilhas de aprendizagem: linear e agrupado.

QUESTÃO PARA REFLEXÃO

1. Com base no que estudamos neste capítulo, sabemos da importância de estruturar as unidades de aprendizagem com base em critérios específicos que atendam efetivamente a taxionomia proposta por Bloom. Dessa forma, elabore um objetivo de aprendizagem para uma unidade de aprendizagem denominada *técnicas de animação 2D* que esteja de acordo com o nível cognitivo "criar".

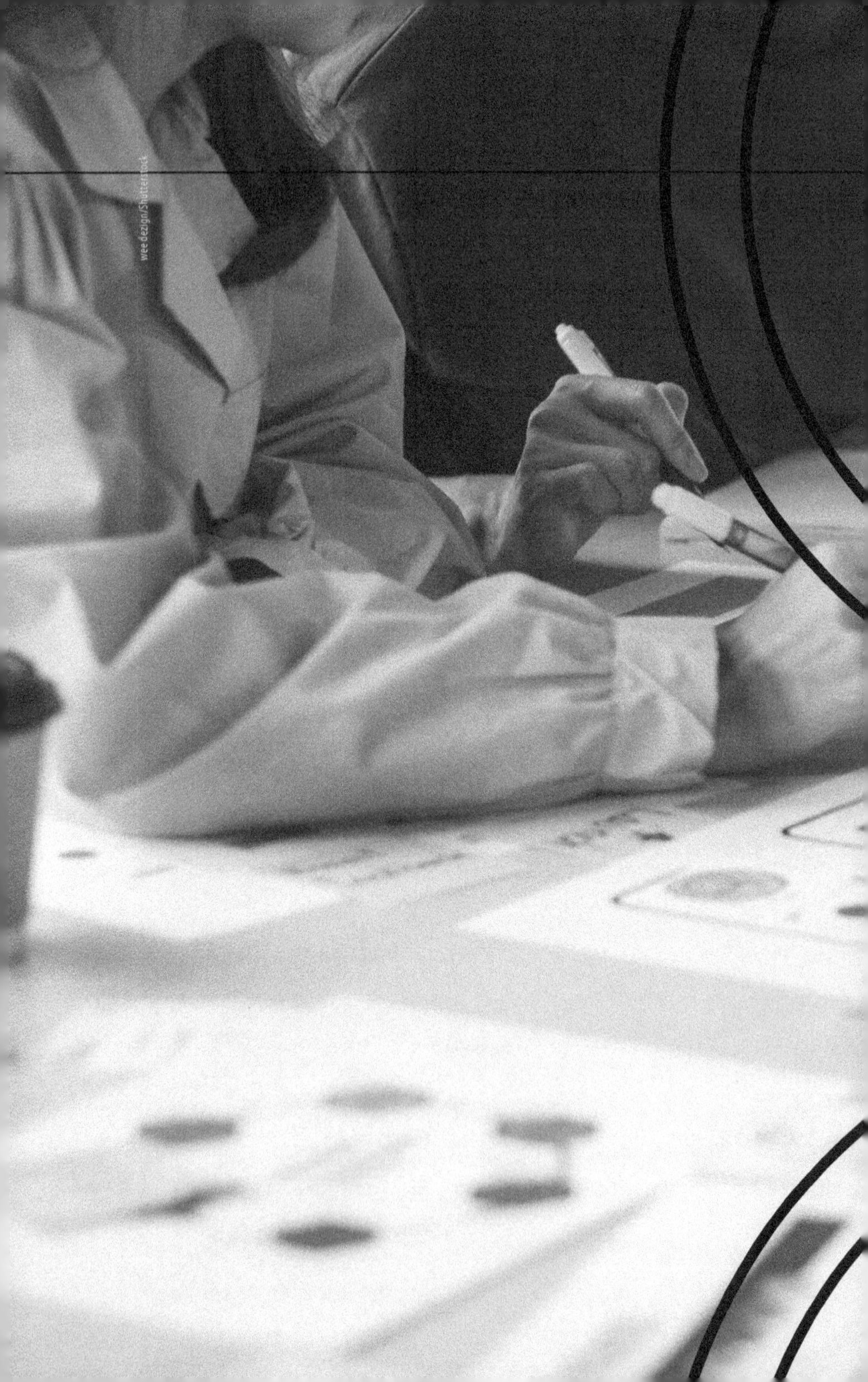
wee dezign/Shutterstock

# CAPÍTULO 4

# O MATERIAL DIDÁTICO NO CONTEXTO DO DESIGN INSTRUCIONAL

CONTEÚDOS DO CAPÍTULO:
- Princípios norteadores para a concepção de materiais didáticos no ensino a distância.
- Imagem e som aplicados à produção audiovisual.

APÓS O ESTUDO DESTE CAPÍTULO, VOCÊ SERÁ CAPAZ DE:
1. compreender o processo de elaboração de material didático no design instrucional;
2. aplicar os conceitos básicos fundamentais da linguagem audiovisual na elaboração de materiais instrucionais.

Neste capítulo, trataremos das especificidades relativas à elaboração de materiais didáticos para a aplicação no ensino a distância (EaD). Dessa forma, abordaremos a definição dos papéis de cada membro da equipe de produção, a criação de roteiros e *storyboards*, bem como os fluxos de acordo com as mídias empregadas. O design instrucional (DI) está envolvido com a produção audiovisual como recurso de aprendizagem. Portanto, leitor, a fim de nortear seus passos iniciais nessa área, apresentaremos os conceitos básicos da linguagem audiovisual relacionados à produção de imagens e som, além de técnicas para a produção de roteiros, os parâmetros para os planos cinematográficos e as aplicações do som que compõem as trilhas sonoras.

## 4.1 A elaboração de material didático para o ensino a distância

Elaborar um material didático para ser utilizado em disciplinas e cursos ministrados a distância, na modalidade EaD, segue um percurso diferente do que é realizado para a produção voltada a cursos presenciais. Isso porque o *e-learning*, além do material impresso, propicia o uso de recursos midiáticos, a exemplo de multimídia, internet, vídeos, animações, entre outros, assim como novas possibilidades de interação. Como ressalta Filatro (2008, p. 57), o material para EaD "apoia-se na lógica da comunicação bi ou multidirecional, ao exigir a interação entre o aluno e o conteúdo e/ou proporcionar interação entre as pessoas". Em outras palavras:

na comunicação interativa, compreende-se o caráter ativo e participativo do sujeito (receptor) na ação comunicativa, o que modifica sensivelmente o papel e a função do sujeito (emissor). Além disso, a mensagem (texto) passa a ser também compreendida como uma unidade de significação que só se instaura quando da interação entre autor (emissor) e leitor (receptor). (Neder, 2009, p. 40)

Geralmente, a elaboração desse tipo de material envolve equipes multidisciplinares que contam com profissionais de várias áreas de conhecimento, como:

- **Professor conteudista ou professor autor:** Elabora conteúdos, atividades, projetos e avaliações. É orientado pelo designer instrucional e pelo coordenador do curso para adequar o conteúdo às diretrizes didático-metodológicas da instituição.
- **Coordenador do curso:** Orienta os professores conteudistas e acompanha todo o processo de desenvolvimento dos conteúdos.
- **Revisor ortográfico:** Revisa o material produzido quanto à gramática, à ortografia, à adequação de linguagem etc.
- **Designer visual:** Responsável pelo projeto gráfico, elabora e produz conceitos gráficos para o material produzido, realiza a diagramação, produz as imagens necessárias para elucidar/ilustrar conteúdos etc.
- **Designer instrucional:** Organiza e propõe metodologias, orienta os professores conteudistas, promove adaptações metodológicas nos conteúdos e acompanha todo o processo de produção do material para a disciplina/o curso.

O designer instrucional desempenha o papel de gerenciador e articulador da equipe responsável por desenvolver o material didático. Portanto, ele deve desenvolver e selecionar métodos e técnicas adequadas ao contexto do curso, bem como escolher atividades, materiais e produtos educacionais conforme os direcionamentos da disciplina, com o objetivo de facilitar e otimizar o processo de aprendizagem dos alunos (Kensky; Barbosa, 2007).

O material didático para EaD deve levar em consideração a autonomia do aluno, incentivando a autoaprendizagem. Para isso, é necessário não se limitar somente a textos estáticos e a ilustrações, pois é interessante explorar outras mídias como fonte de recurso para a compreensão de certo conteúdo/tema, a exemplo de áudios, vídeos, simulações, animações, hipertextos, computação gráfica, entre outras. É importante lembrar que tais recursos devem estar integrados e atuar como complementares ao processo de aprendizagem. Por exemplo, em um texto impresso, ao surgir determinado conceito, pode-se inserir um *QR code* direcionando para um vídeo explicativo, rompendo com a linearidade usual do texto impresso e acrescentando um recurso hipermidiático por meio do *link*. Alguns materiais, inclusive, apresentam esse tipo de recurso em um *box* "Saiba mais".

Com vistas a tomar decisões pedagógicas, técnicas, funcionais e estéticas que implicarão a qualidade do produto final e, consequentemente, dos materiais desenvolvidos, Filatro (2008) indica três níveis distintos de especificação a serem seguidos na elaboração de materiais para *e-learning*: especificação da estrutura e do fluxo da informação; especificação dos conteúdos; e especificação da interface. A autora ainda ressalta a importância de recorrer a documentos de especificação em DI, como uma forma de assegurar que toda a equipe envolvida na produção conte com as mesmas informações. Entre esses documentos, podemos citar os roteiros (*scripts*) e os *storyboards*, que são meios tradicionais de especificar os conteúdos a serem produzidos.

No Quadro 4.1, podemos observar um exemplo de roteiro de especificação para a produção de um material didático que ilustra uma videoaula.

Quadro 4.1 – **Exemplo de roteiro textual de especificação**

| Tecnologia educacional [capítulo 6 – aula 6.2] | Identificação do material |
|---|---|
| [tela 10/18] | Identificação da tela |
| Recursos necessários | Título da tela |
| Papel sulfite (120 e 180 g/m²) ou papel colorido (bloco criativo) Envelopes plásticos Material de desenho Tesoura para recorte Fita adesiva *Smartphone* ou outro dispositivo móvel com câmera Aplicativo para captura (PicPac StopMotion & Timelapse, Stickbot Studio) | Conteúdo da tela inserido no TP e animado de acordo com a explicação do professor |
| [DG] utilizar uma prancheta de *checklist* | Orientações ao designer gráfico |
| [ED] Animar conforme a explicação | Orientações ao editor de vídeo |

Fonte: Elaborado com base em Filatro, 2008.

Os *storyboards* são necessários quando o material multimídia a ser produzido tem alto grau de interatividade e promove o uso de recursos específicos, como animação, sons e interações. Eles são produzidos com imagens e anotações de forma a mostrar visualmente como as ações devem ocorrer. Além disso, é importante que tragam elementos específicos e que apresentem informações gerais (metadados), como data, versão, responsável, créditos etc.

Outros elementos a serem contemplados nos *storyboards* são: a especificação da tela principal que será visualizada pelo aluno; a especificação tipográfica de títulos e textos; o posicionamento de imagens ou orientações para os ilustradores; animações e sons; as possibilidades de interação e *feedback*, entre outros aspectos essenciais para os diversos tipos de produção multimídia – no Capítulo 5, vamos nos aprofundar nessa temática.

Na Figura 4.1, acompanhe um exemplo de modelo de *storyboard* para uma produção multimídia. Ressaltamos que cada instituição pode desenvolver seu próprio modelo de acordo com suas especificidades.

Figura 4.1 – **Exemplo de modelo de *storyboard* para produção multimídia**

| Projeto:<br>Data: | Versão: | Designer instrucional: | Tela: ___ de ___ |
|---|---|---|---|
| Descrição da tela e eventos instrucionais | | | |
| Atributos de texto: | *Layout* de tela | | |
| Imagens estáticas (*still*): | | | |
| Imagens em movimento<br>Animação:<br>Vídeo: | | | |
| Áudio:<br>Narração:<br>Música:<br>Efeitos sonoros: | | | |
| Interatividade: | | | |
| Navegação<br>Das telas:<br>Para telas: | | | |
| Orientações para produção | | | |

Para uma melhor organização, sistematização e padronização na produção de *storyboards*, é interessante recorrer a modelos (*templates*) para serem utilizados em *softwares* como o Articulate Storyline, o qual fornece ferramentas adequadas tanto para a produção quanto para a visualização e publicação de conteúdo *on-line* em dispositivos como *desktop*, *tablets* e *smartphones*.

---

**PARA SABER MAIS**

ARTICULATE. Disponível em: <https://articulate.com/>. Acesso em: 24 out. 2022.

O *software* Articulate é uma plataforma de produção para conteúdos EaD para plataformas LMS, sendo que publica nos formatos SCORM e HTML5 e em vídeos, além de permitir a produção de conteúdo interativo. A suíte de aplicativos em nuvem inclui: o Articulate 360 Training para a produção de *webinars*; a biblioteca de conteúdos e recursos (animações, sons, imagens e vídeos) Content Library 360; o gerenciador de fluxo de comunicação e *feedbacks* Review 360; e o Rise 360, voltado à elaboração de cursos *on-line*. Os aplicativos para *desktop* incluem o Storyline, para criar apresentações animadas e *storyboards*; o Studio 360, para ser utilizado em conjunto com apresentações de PowerPoint; o Replay 360, para gravar apresentações de *webinars*; e o Peek 360, um gravador de tela.

---

Atualmente, com a finalidade de facilitar o processo de mediação pedagógica, vários tipos de materiais vêm sendo produzidos, os quais são distribuídos em diferentes meios e de forma complementar, propondo uma relação dialógica entre as mídias. Nesse sentido, é importante que, ao concebermos o material didático para determinado curso/disciplina, consideremos a rede de conexões interativas que é formada por tal material. A esse respeito, Possari e Neder (2009) sugerem um esquema para ilustrar como essas mídias podem ser aplicadas complementarmente, sendo que os textos impressos, os hipertextos e os textos audiovisuais seriam os marcadores curriculares, enquanto os demais elementos serviriam como apoio e complementação. Na Figura 4.2, podemos visualizar como integrar vários recursos e materiais de maneira complementar.

Figura 4.2 – **Complementaridade de mídias**

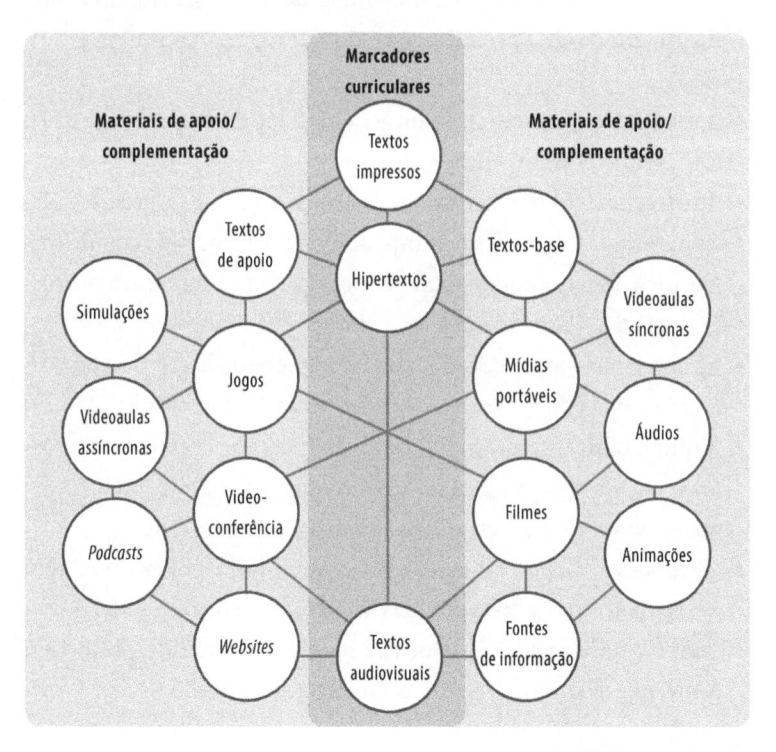

Marcadores curriculares: Textos impressos, Hipertextos, Textos audiovisuais

Materiais de apoio/complementação: Textos de apoio, Jogos, Videoconferência, Websites, Simulações, Videoaulas assíncronas, Podcasts

Materiais de apoio/complementação: Textos-base, Mídias portáveis, Filmes, Fontes de informação, Videoaulas síncronas, Áudios, Animações

Fonte: Elaborada com base em Possari; Neder, 2009.

Dessa forma, pensando nas diversas possibilidades de materiais a serem elaborados e produzidos para EaD, devemos levar em conta os seguintes princípios básicos:

- **Estrutura dos cursos:** Considerar sua proposta pedagógica, o currículo e a estrutura em si, ou seja, se é dividido em módulos, unidades, blocos temáticos etc.
- **Linguagem textual:** Deve estabelecer uma relação dialógica, conter a percepção do narrador, além de apresentar clareza e simplicidade.
- **Norteamento do conteúdo:** O aluno deve ser informado sobre os objetivos de aprendizagem, do curso, dos capítulos e das seções.
- *Layout*: Deve despertar atenção e motivação, e seu *design* deve ser amigável e cativante.
- **Ilustrações:** Podem ser utilizadas no sentido de conteúdos em si mesmas ou complementares, como mobilizadoras cognitivas de uma ideia e como sinalizadoras/balizadoras de trajetória/ navegação (ícones, sinais etc.) (Lima, 2010).
- **Conhecimentos, necessidades e interesses do aluno:** Considerar idade, nível educativo, experiências e conhecimentos anteriores.
- **Equipe multidisciplinar:** Formar uma equipe com os profissionais necessários para cada área (mídia impressa, produção de ilustrações e imagens, vídeos, animações, áudios etc.).
- *Feedback*: Fornecer meios para que o aluno possa obter um retorno acerca de suas dúvidas, atividades, exercícios etc.; apresentar a aplicação prática dos conteúdos aprendidos, promover sínteses e resumos, bem como testes autoavaliativos etc.

Cada tipo de material a ser desenvolvido possui características e rotinas próprias para sua produção, seguindo fluxos de acordo com suas especificidades, conforme sugerimos nas figuras a seguir (4.3, 4.4 e 4.5), nas quais apresentamos fluxos para a produção de materiais impressos e digitais, de videoaulas e de objetos virtuais de aprendizagem.

Figura 4.3 – **Fluxo de produção de materiais didáticos: impressos e digitais**

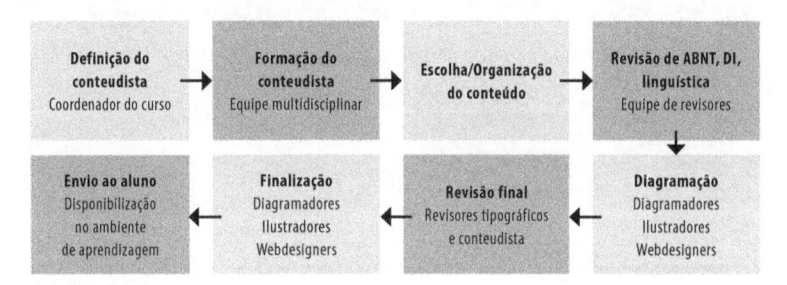

| Definição do conteudista<br>Coordenador do curso | → | Formação do conteudista<br>Equipe multidisciplinar | → | Escolha/Organização do conteúdo | → | Revisão de ABNT, DI, linguística<br>Equipe de revisores |
|---|---|---|---|---|---|---|
| ↓ | | | | | | ↓ |
| Envio ao aluno<br>Disponibilização no ambiente de aprendizagem | ← | Finalização<br>Diagramadores Ilustradores Webdesigners | ← | Revisão final<br>Revisores tipográficos e conteudista | ← | Diagramação<br>Diagramadores Ilustradores Webdesigners |

Fonte: Lima; Santos, 2022, p. 127.

Figura 4.4 – **Fluxo de produção de materiais didáticos: videoaulas**

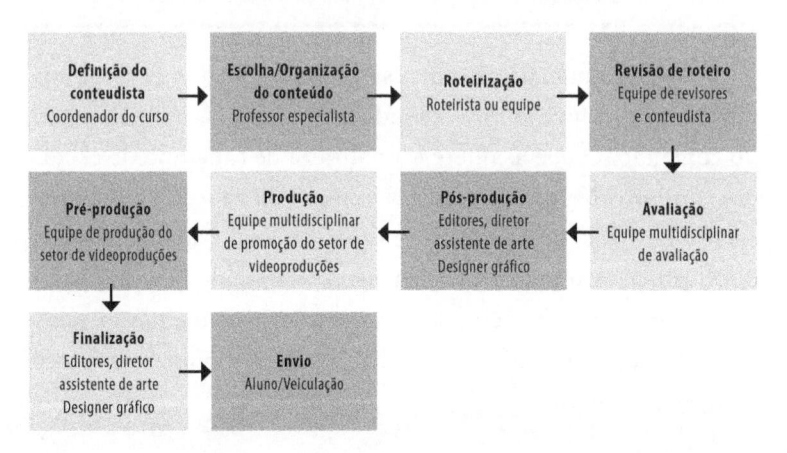

| Definição do conteudista<br>Coordenador do curso | → | Escolha/Organização do conteúdo<br>Professor especialista | → | Roteirização<br>Roteirista ou equipe | → | Revisão de roteiro<br>Equipe de revisores e conteudista |
|---|---|---|---|---|---|---|
| ↓ | | | | | | ↓ |
| Pré-produção<br>Equipe de produção do setor de videoproduções | ← | Produção<br>Equipe multidisciplinar de promoção do setor de videoproduções | ← | Pós-produção<br>Editores, diretor assistente de arte Designer gráfico | ← | Avaliação<br>Equipe multidisciplinar de avaliação |
| ↓ | | | | | | |
| Finalização<br>Editores, diretor assistente de arte Designer gráfico | → | Envio<br>Aluno/Veiculação | | | | |

Fonte: Lima; Santos, 2022, p. 128.

Figura 4.5 – **Fluxo de produção de materiais didáticos: objetos virtuais de aprendizagem (OVAs)**

```
┌─────────────────┐    ┌─────────────────────┐    ┌──────────────────┐    ┌─────────────────┐
│  Definição do   │ →  │ Escolha/Organização │ →  │   Roteirização   │ →  │ Revisão de      │
│   conteudista   │    │    do conteúdo      │    │    Storyboard    │    │ roteiro/        │
│                 │    │ Professor           │    │ Roteirista ou DI │    │ Storyboard      │
│                 │    │ especialista        │    │                  │    │      DI         │
└─────────────────┘    └─────────────────────┘    └──────────────────┘    └─────────────────┘
                                                                                    │
┌─────────────────┐    ┌─────────────────────┐    ┌──────────────────┐    ┌─────────────────┐
│   Testagem de   │    │                     │    │  Desenvolvimento │    │   Elaboração    │
│   usabilidade   │ ←  │     Avaliação       │ ←  │      Equipe      │ ←  │  de protótipos  │
│ e navegabilidade│    │  DI, webdesigners   │    │ de desenvolvedores│   │ Designer gráfico│
│ Usuários        │    │   e conteudista     │    │  e webdesigners  │    │                 │
│ potenciais por  │    │                     │    │                  │    │                 │
│ amostragem      │    │                     │    │                  │    │                 │
└─────────────────┘    └─────────────────────┘    └──────────────────┘    └─────────────────┘
        │
┌─────────────────┐    ┌─────────────────────┐
│   Finalização   │    │       Envio         │
│     Equipe      │ →  │  Aluno/Veiculação   │
│ de desenvolvedores│  │                     │
│  e webdesigners │    │                     │
└─────────────────┘    └─────────────────────┘
```

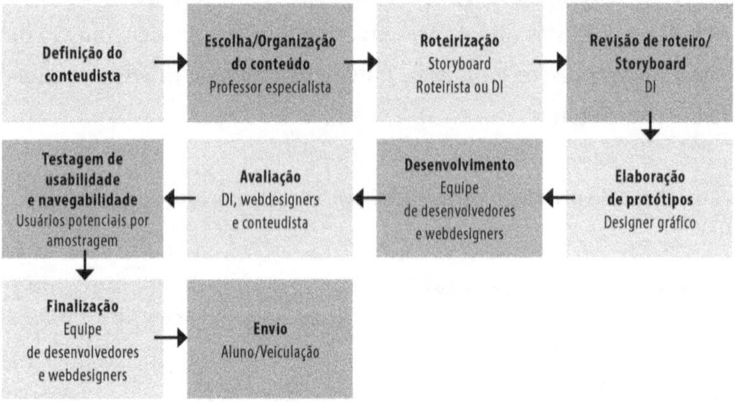

Fonte: Lima; Santos, 2022, p. 129.

---

**IMPORTANTE**

Os objetos virtuais de aprendizagem (OVAs) compreendem os recursos digitais utilizados por professores e alunos. Geralmente, são ferramentas interativas elaboradas a partir dos objetivos de aprendizagem definidos.

---

Note que algumas das etapas são comuns a todos os processos, tais como a definição do conteudista e a escolha e organização do conteúdo. O que as difere é a natureza de cada tipo de produção, que envolve profissionais específicos de acordo com a área do produto final gerado. Por exemplo, na produção de materiais em vídeo, necessitaremos de técnicos especializados em produção audiovisual, enquanto em materiais impressos e digitais, precisaremos de designers gráficos, diagramadores, ilustradores, revisores textuais e formais.

Assim, ao produzirmos recursos como textos audiovisuais, vídeos, videoaulas, animações e áudios, devemos considerar que estamos lidando com as linguagens próprias da produção audiovisual. Por isso, temos de conhecer seus conceitos e suas técnicas, a fim de cativar nossa audiência com propósitos e objetivos educacionais bem definidos. Para tanto, a seguir, abordaremos as linguagens da imagem e do som, seus conceitos básicos e as principais técnicas para a produção de materiais didáticos que incluam esses recursos específicos.

## 4.2 As linguagens da imagem e do som na produção audiovisual

A linguagem da imagem e do som na produção audiovisual é composta de conceitos e técnicas próprias que são aplicados com o objetivo de cativar a audiência. Ao pensarmos na produção desse tipo de recurso, com a intenção de atender aos objetivos instrucionais, podemos nos valer de ambas as técnicas para que o resultado seja cativante para o aluno e cumpra seu papel no processo de ensino-aprendizagem.

Esses conceitos e técnicas constituem a base fundamental de todos os processos que envolvem a produção audiovisual para qualquer segmento de mídia. Na sequência, vamos abordar em mais detalhes como a imagem em movimento é pensada e organizada para atingir os resultados desejados.

Em qualquer produção audiovisual, o primeiro passo é estabelecer um roteiro, o qual, de acordo com Comparato (2000), divide-se em seis etapas:

I. **Ideia:** Trata-se do fundamento do roteiro que provoca o autor a elaborar o tema, ou seja, é o ponto inicial do processo.
II. **Conflito:** É o principal motivador da ação; pode ser um fato externo ou interno que altera a realidade do protagonista, o qual, por sua vez, deverá executar ações e tomar decisões no decorrer da história para resolvê-lo. O conflito faz parte do *storyline*, que consiste em um esboço da história, e geralmente surge em forma de um pequeno texto redigido no tempo presente, trazendo apenas o conflito principal da história.
III. **Personagens:** Entidades ficcionais elaboradas com base em um perfil psicológico e físico, de acordo com seu papel na história a ser contada.
IV. **Ação dramática:** Diz respeito à construção da estrutura ou escaleta que contém as cenas, as sequências, os capítulos etc., de forma a fragmentar a história. É construída como se fosse um índice resumido das cenas na sequência em que estas ocorrem na história.
V. **Tempo dramático:** Nessa etapa, define-se a duração de cada cena, sincronizando todas elas com os diálogos e com a ação propriamente dita.
VI. **Unidade dramática:** Por fim, o roteiro final, ou *screenplay*, é elaborado no formato de *master scenes*, como no exemplo da Figura 4.6, que é o padrão da indústria cinematográfica. Pode ser formatado utilizando *softwares* específicos para essa finalidade, como o Final Draft ou o Celtx.

Figura 4.6 – **Roteiro no formato *master scenes***

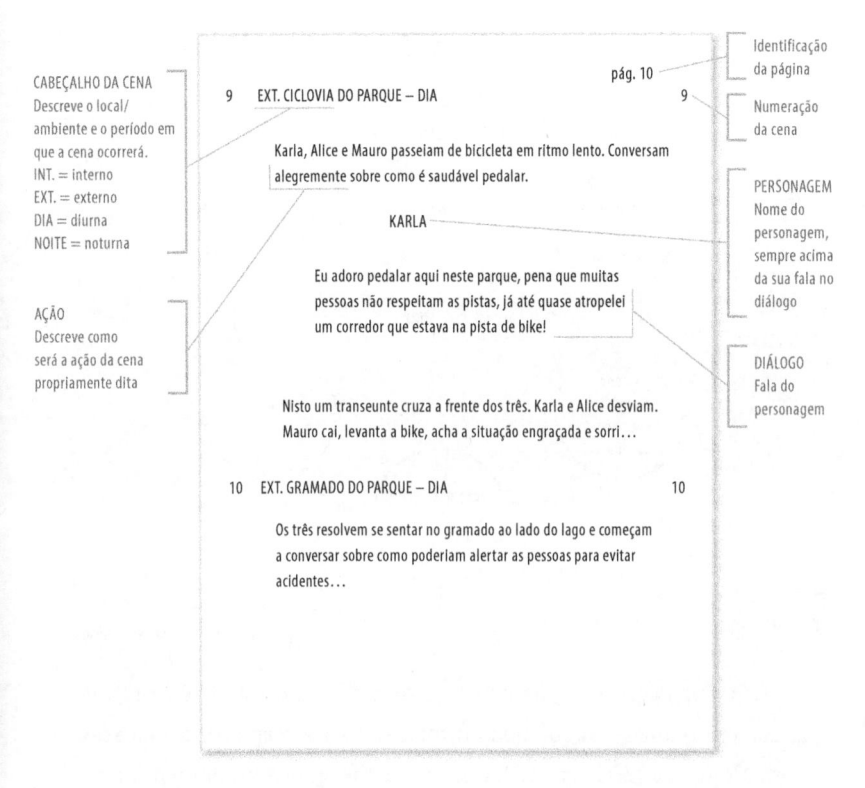

CABEÇALHO DA CENA
Descreve o local/ambiente e o período em que a cena ocorrerá.
INT. = interno
EXT. = externo
DIA = diurna
NOITE = noturna

AÇÃO
Descreve como será a ação da cena propriamente dita

Identificação da página
Numeração da cena

PERSONAGEM
Nome do personagem, sempre acima da sua fala no diálogo

DIÁLOGO
Fala do personagem

pág. 10

9   EXT. CICLOVIA DO PARQUE – DIA                               9

Karla, Alice e Mauro passeiam de bicicleta em ritmo lento. Conversam alegremente sobre como é saudável pedalar.

KARLA

Eu adoro pedalar aqui neste parque, pena que muitas pessoas não respeitam as pistas, já até quase atropelei um corredor que estava na pista de bike!

Nisto um transeunte cruza a frente dos três. Karla e Alice desviam. Mauro cai, levanta a bike, acha a situação engraçada e sorri...

10   EXT. GRAMADO DO PARQUE – DIA                              10

Os três resolvem se sentar no gramado ao lado do lago e começam a conversar sobre como poderiam alertar as pessoas para evitar acidentes...

Para melhor compreender o processo de criação de roteiros, sintetizamos as etapas na Figura 4.7.

Figura 4.7 – **Etapas para a elaboração de um roteiro tradicional**

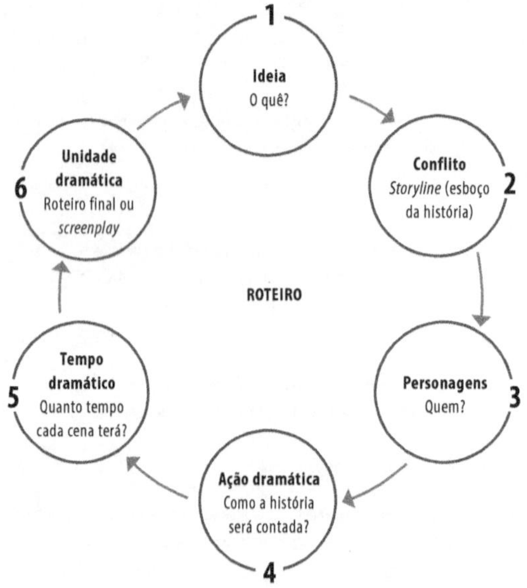

```
                    1
                  Ideia
                  O quê?

   Unidade                      Conflito
 6 dramática                    Storyline (esboço  2
   Roteiro final ou              da história)
   screenplay

                  ROTEIRO

   Tempo
 5 dramático                    Personagens      3
   Quanto tempo                 Quem?
   cada cena terá?

                Ação dramática
                Como a história
                será contada?
                    4
```

Fonte: Elaborada com base em Comparato, 2000.

A partir do roteiro, as imagens de um audiovisual são organizadas em planos e sequências fílmicas. A esse respeito, de acordo com Nogueira (2010, p. 13), um *plano* "designa a unidade mínima da linguagem cinematográfica, isto é, um segmento ininterrupto de tempo e espaço fílmico, ou seja, uma imagem contínua entre dois cortes ou duas transições". Dessa forma, podemos dizer que temos um plano entre dois cortes, os quais são definidos pelo *storyboard*, que determinará, com base no roteiro, os planos, as sequências, os enquadramentos e os movimentos de câmera de cada cena.

No audiovisual, essa definição de plano pode ter outras interpretações, conforme o momento em que a produção se encontra. Por exemplo, durante a captação de imagens, o plano se inicia no momento em que a câmera começa a gravar e finaliza quando a gravação é interrompida. Já no processo de montagem, o plano é dividido em partes menores, as quais podem estar intercaladas em uma cena ou sequência.

Por *sequência* compreendemos o conjunto de planos que seguem a narrativa da história, sendo que o local e a ambiência podem ser alterados, mas a ação deve ter continuidade lógica. No cinema, Orson Welles (1915-1985) registrou uma ação em uma sequência sem cortes, no filme *Cidadão Kane* (1941), que ficou conhecida como "plano-sequência", técnica até hoje utilizada em filmes por cineastas como Martin Scorsese, Quentin Tarantino, entre outros.

Outro elemento importante na produção audiovisual diz respeito ao enquadramento da cena. Ou seja, trata-se de estabelecer as escolhas de ângulos e da amplitude do plano. Os enquadramentos são classificados como plano geral (PG), plano de conjunto (PC), plano de detalhe (PD), plano médio (PM), plano americano (PA), primeiro plano (PP) e primeiríssimo primeiro plano (PPP).

O Quadro 4.2 apresenta as principais características que os distinguem.

Quadro 4.2 – **Planos cinematográficos**

| Plano | Descrição | Exemplo |
|---|---|---|
| Geral (PG) | Os personagens são dificilmente identificados de imediato, pois a função principal desse plano é apresentar visualmente o contexto em que a cena ocorre. Dessa forma, no PG, o foco está no cenário ou na paisagem da cena. | |
| Conjunto (PC) | Possui um ângulo aberto, como no PG, mas os personagens ocupam maior espaço na tela e são facilmente identificáveis. | |
| Detalhe (PD) | A ideia é chamar a atenção para um detalhe de um objeto ou de alguma parte do corpo do personagem, aumentando a carga dramática. | |

*(continua)*

*Quadro 4.2 – conclusão*

| Plano | Descrição | Exemplo |
|---|---|---|
| Médio (PM) | Nesse plano, o personagem é enquadrado por inteiro, mas ainda podemos visualizar o cenário ou ambiente da cena. | |
| Americano (PA) | O personagem é enquadrado dos joelhos para cima. | |
| Primeiro plano ou *close-up* (PP) | O personagem é enquadrado a partir do peito para cima. | |
| Primeiríssimo primeiro plano (PPP) | Usado para apresentar detalhes do rosto sem revelar o cenário. | |

Zigres, A Lot Of People, Olivier Le Moal, estheremm, Alexander Image, ShotPrime Studio e Pressmaster/Shutterstock

A alternância de planos em um audiovisual altera a leitura visual de uma cena. Isso faz com que o vídeo não fique demasiadamente monótono. As técnicas de produção podem ser empregadas na produção de videoaulas, por exemplo, deixando-as visualmente mais interessantes e cativando a atenção do aluno.

Para complementar uma obra audiovisual, devemos considerar os sons que nela serão utilizados, pois são elementos importantes que proporcionam uma base temporal e auxiliam na criação da ambiência necessária para as cenas. Consideramos que todos os sons que compõem um filme fazem parte de sua trilha sonora, a qual é mais sentida do que ouvida. Isso porque a audiência percebe o design de som sem a consciência plena dos sons do filme. Dessa forma, esse design funciona como um guia de percepções durante a narrativa fílmica.

Na produção audiovisual, os sons podem ser classificados como diegéticos, não diegéticos, *on-screen* e *off-screen*. Os sons diegéticos são aqueles produzidos por objetos/pessoas que fazem parte da cena, tais como as vozes de personagens, a música representada por instrumentos musicais etc. Ou seja, são os sons que tanto os personagens quanto a audiência ouvem, os quais também são classificados como *on-screen*. Por sua vez, os não diegéticos são ouvidos exclusivamente pela audiência, como os comentários de um narrador, os sons de efeitos dramáticos, a música de fundo etc.

Os sons classificados como *off screen* são empregados para estabelecer relações visuais na tela, isto é, para que a audiência visualize algo que não está presente na cena. Como nos diz Beauchamp (2005, p. 17, tradução nossa), os sons *off-screen* "matam de fome os olhos e alimentam os ouvidos", antecipando uma ação na cena.

Já a música pode ser utilizada para identificar situações ou personagens, criando uma estrutura para a cena. Sob essa perspectiva, Balvedi (2010, p. 49) ressalta que:

> A música dá o tom dramático ou cômico logo no início do filme. Ela situa o espectador, ajuda a contar a história em sua linguagem e valoriza os pontos de virada (*plot points*). Por isso é muito importante que se saiba qual será o seu papel no filme antes de se iniciar qualquer trabalho. Uma pergunta fundamental a se fazer é: que tipo de sentimento se quer que o espectador tenha ao final do filme?

Assim, a música pode ser utilizada como *source music*, como efeito musical e pontual ou para tratamento emocional. A *source music* tem características diegéticas, como estudamos na classificação dos sons. Os efeitos musicais e pontuais são compostos apenas por acordes musicais ou pequenas sequências melódicas, inseridos em partes ou detalhes de uma cena. Por fim, como tratamento emocional, a música é utilizada para desencadear respostas emocionais universais, como empatia, paixão, alegria, tristeza, euforia etc.

Tais conceitos podem ser aplicados na produção de videoaulas, de pequenos filmes de animação, assim como em vídeos com objetivos instrucionais e em qualquer tipo de produção audiovisual. Portanto, ao pensarmos em produzir um audiovisual a ser utilizado como recurso instrucional, podemos nos valer dos conceitos e das técnicas já consagradas pela indústria do cinema. Isso nos permitirá agregar componentes de valor ao nosso produto e contribuir com o processo de ensino-aprendizagem, ilustrando e elucidando noções de um modo que efetivamente desperte e cative o interesse dos alunos.

## SÍNTESE

Neste capítulo, vimos que elaborar materiais didáticos para EaD segue características próprias que os distinguem da produção voltada ao ensino presencial. Isso porque as produções para o ensino a distância devem promover a autoaprendizagem e a autonomia do aluno, estimulando-o a interagir com os materiais e levando-o a incrementar sua aprendizagem. Como tais materiais possuem uma natureza complexa, sua produção deve envolver equipes multidisciplinares, organizadas e orientadas pelo designer instrucional, responsável por gerenciar todo o processo.

Cada material deve ser desenvolvido por meio de uma rede de conexões interativas e de um modo que os façam serem complementares entre si. Ainda, é importante que eles apresentem técnicas adequadas e especificadas com base em documentos, como roteiros e *storyboards*, além de seguirem um fluxo que esteja em conformidade com a mídia relacionada.

Para produzir um conteúdo audiovisual, o designer instrucional tem de dominar as linguagens da imagem e do som, compreendendo como tais técnicas podem ser utilizadas e incorporadas aos materiais instrucionais. Isso inclui a roteirização, a definição de planos e sequências e a correta utilização de sons e efeitos sonoros para compor as trilhas sonoras. Todos esses elementos podem ser aplicados na produção de videoaulas, vídeos complementares, animações, entre outros produtos audiovisuais que estimulem e facilitem o aprendizado na educação a distância.

QUESTÕES PARA REVISÃO

1. Assinale a alternativa que apresenta os documentos tradicionais de especificação em design instrucional:

   a. SWOT e PERT-CPM.
   b. Moodboards e *brainstorming*.
   c. Relatórios e planilhas.
   d. Planilhas e gráficos.
   e. Roteiros e *storyboards*.

2. Considerando os roteiros para produção audiovisual que vimos neste capítulo, relacione os itens da primeira coluna com suas respectivas descrições na segunda coluna.

   Coluna A

   I. Ideia
   II. Conflito
   III. Personagem
   IV. Ação dramática
   V. Tempo dramático
   VI. Unidade dramática

   Coluna B

   ( ) É o principal motivador da ação, podendo se configurar como um fato externo ou interno; faz parte do *storyline*.
   ( ) Onde se define a duração de cada cena e se realiza a sincronização da ação com os diálogos.
   ( ) Diz respeito à elaboração do roteiro final ou *screenplay* no formato *master scenes*.
   ( ) Trata-se do fundamento do roteiro que provoca o autor a elaborar o tema.
   ( ) Entidade ficcional criada a partir de um perfil psicológico e físico com base na narrativa.
   ( ) Etapa na qual se constrói a escaleta que contém as cenas, as sequências, os capítulos etc.

Agora, assinale a alternativa que corresponde à sequência correta:

a. II, IV, III, I, V, VI.
b. I, III, II, IV, VI, V.
c. II, V, VI, I, III, IV.
d. III, II, I, IV, V, VI.
e. IV, VI, V, II, I, III.

3. Um dos elementos importantes na produção audiovisual é o enquadramento da cena. Nele escolhemos os ângulos e a amplitude do plano a ser capturado. Quando os personagens são de difícil identificação (ou seja, ficam em segundo plano), enquanto o enquadramento apresenta o contexto geral no qual a cena ocorre, valorizando o cenário ou a paisagem, estamos nos referindo a que plano?

a. Plano geral.
b. Plano detalhe.
c. Plano de conjunto.
d. Plano americano.
e. Plano médio.

4. Explique as diferenças entre os sons diegéticos e não diegéticos em uma produção audiovisual.

5. Sintetize os princípios básicos para a elaboração e a produção de materiais para EaD.

QUESTÃO PARA REFLEXÃO

1. Faça uma breve reflexão acerca dos motivos pelos quais não devemos nos limitar somente a textos estáticos e ilustrações na elaboração e produção de materiais didáticos para EaD. Aproveite para pensar em exemplos sobre como é possível diversificar a produção de materiais didáticos para EaD aplicando os conceitos da produção audiovisual.

Stepan Bormotov/Shutterstock

# CAPÍTULO 5

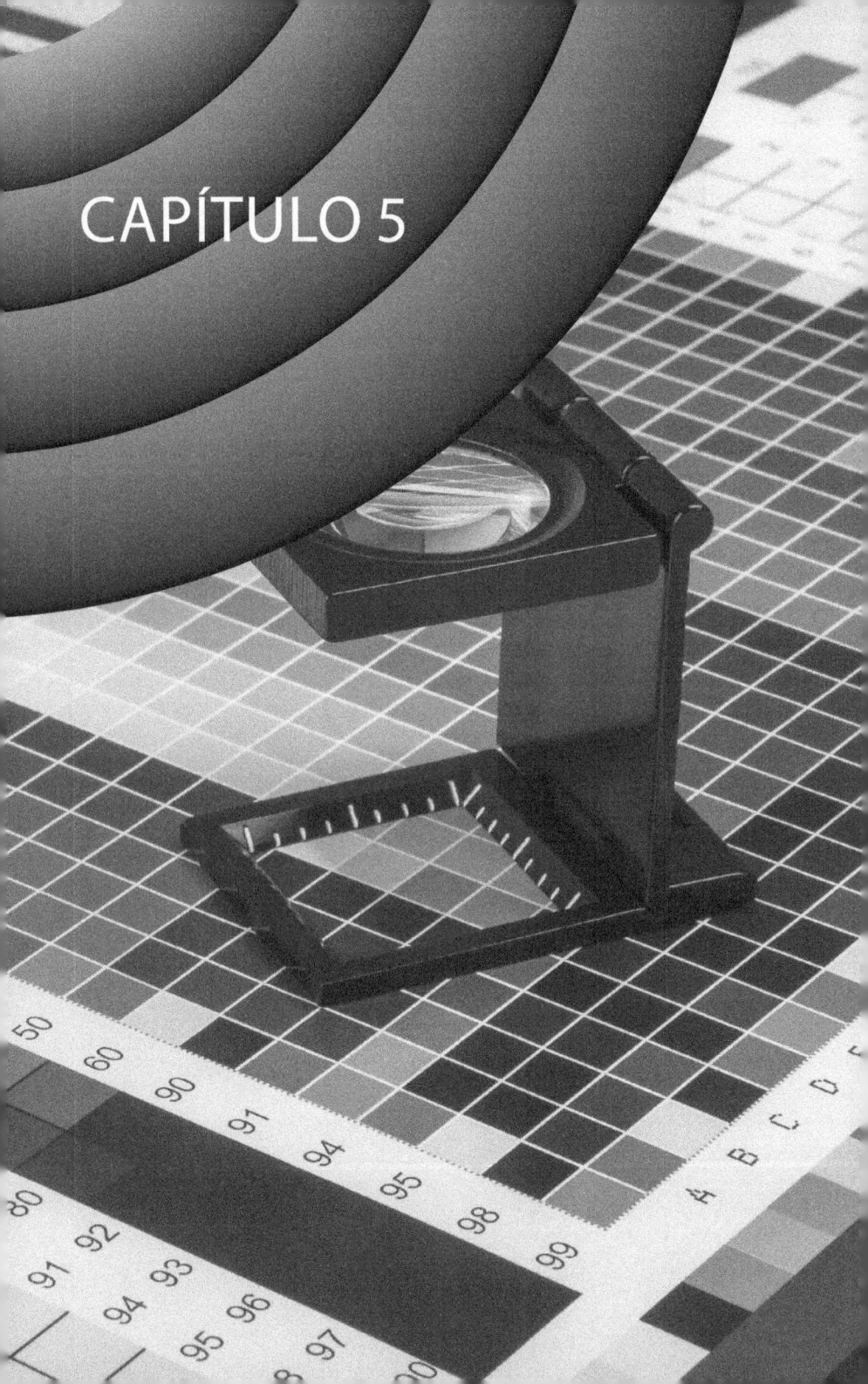

# DESIGN DE CONTEÚDOS MULTIMÍDIA

CONTEÚDOS DO CAPÍTULO:
- Definições de multimídia.
- Autoria em multimídia.
- Design estrutural.

APÓS O ESTUDO DESTE CAPÍTULO, VOCÊ SERÁ CAPAZ DE:
1. compreender as definições e as categorias da multimídia;
2. indicar os elementos básicos da autoria multimídia;
3. explicar os tipos de estrutura de organização da informação.

Considerando a evolução das tecnologias digitais voltadas aos processos de informação gráfica e sonora, a multimídia desempenha um importante papel no desenvolvimento de materiais instrucionais. Nesse sentido, o designer instrucional precisa conhecer os principais conceitos e princípios de aplicação da multimídia no design instrucional (DI).

Sob essa lógica, neste capítulo, vamos mostrar o que é multimídia, assim como suas categorias e principais aplicações. Também abordaremos os processos de autoria em multimídia e o papel que ela desempenha no DI. Por fim, apresentaremos um estudo de caso sobre o desenvolvimento de elementos multimídia elaborados para um projeto de curso em educação a distância (EaD), a fim de que você estabeleça conexões entre o que estudamos até agora e as soluções encontradas para o projeto de curso apresentado, objeto de nosso estudo.

## 5.1 O que é multimídia?

É notório que a multimídia está cada dia mais presente em praticamente todas as situações cotidianas, tanto no trabalho como em nossa vida social e nos processos educacionais. O termo *multimídia* se refere à técnica utilizada para apresentar informações de texto, sons, imagens fixas e animadas de modo simultâneo em diversos meios de comunicação.

Essa simultaneidade de informações pode ocorrer de forma linear ou não linear, conforme salientam Laufer e Scavetta (1997). Os autores reafirmam que a multimídia consiste no conjunto de meios utilizados para navegar simultaneamente no universo da informação e da comunicação.

A esse respeito, Lévy (1999) ressalta que as palavras-chave da multimídia são: *mídia, codificação* e *dispositivos informacionais*. A mídia se configura como o suporte ou veículo da mensagem; a codificação é composta pelo sistema de gravação e transmissão da informação; e o dispositivo informacional está relacionado aos computadores multimídia, que, de acordo com Paula Filho (2000, p. 6-7),

> permitem que o usuário interfira na apresentação de forma muito mais profunda do que, por exemplo, apertando botões de um aparelho de som ou vídeo. [...] os produtos multimídia podem ser usados para permitir ao usuário diferentes graus de interação, tais como: percorrer o material audiovisual não linear; consultar, pesquisar e atualizar material armazenado em bases de dados audiovisuais; gerar o material audiovisual em tempo real, seja a partir de suas solicitações e respostas, seja a partir de dados recebidos de instrumentos físicos; efetuar simulações de sistemas físicos, com menor ou maior grau de realismo.

Os diferentes graus de interatividade podem ser classificados em três níveis: no primeiro nível, o usuário não possui mais do que uma forma de estabelecer um contato direto com o responsável pelo produto; no segundo, são disponibilizados no produto formas de personalização e recursos multimídia; e no terceiro, há o intercâmbio de informações que pode ser realizado entre usuário e produto – ou seja, uma interação humano-computador.

De acordo com o grau de interatividade, as aplicações multimídia podem ser categorizadas em títulos, aplicativos e *sites* para internet, conforme apresentamos na Figura 5.1.

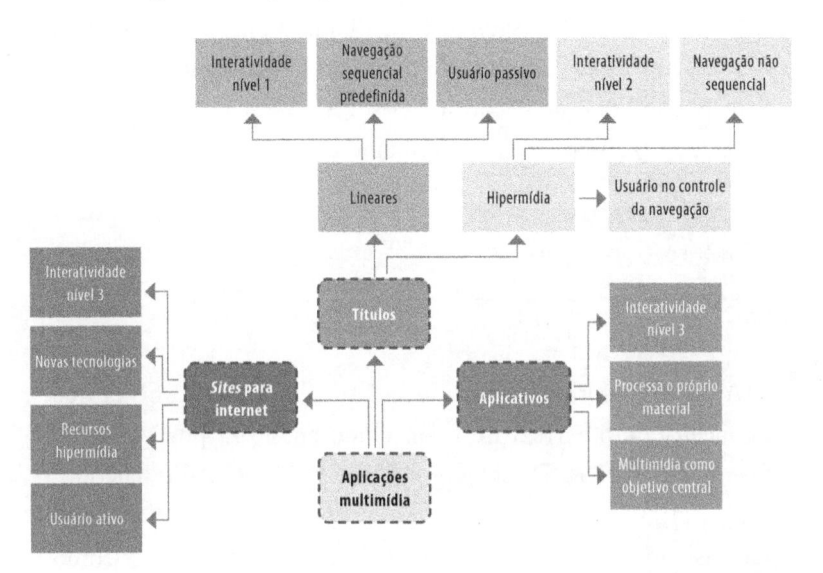

Figura 5.1 – **Categorias das aplicações multimídia**

[Diagrama: Interatividade nível 1 → Lineares; Navegação sequencial predefinida → Lineares; Usuário passivo → Lineares; Interatividade nível 2 → Hipermídia; Navegação não sequencial → Hipermídia; Hipermídia → Usuário no controle da navegação; Lineares e Hipermídia → Títulos; Títulos ↔ Sites para internet ↔ Aplicativos; Aplicações multimídia. Sites para internet: Interatividade nível 3, Novas tecnologias, Recursos hipermídia, Usuário ativo. Aplicativos: Interatividade nível 3, Processa o próprio material, Multimídia como objetivo central.]

Os títulos multimídia estão mais vinculados a documentos do que a programas, sendo que fazem parte dos primeiro e segundo níveis de interatividade e são classificados como lineares e hipermídia.

Os títulos lineares são compostos por conteúdos apresentados em sequências predefinidas, como nas apresentações produzidas em PowerPoint, por exemplo. Em um contexto instrucional, nesse tipo de multimídia, o aluno assume um papel passivo, sem que haja interação direta com o conteúdo, o que coloca tal multimídia em um primeiro nível de interatividade. Por outro lado, nos títulos hipermídia, o aluno assume o controle da navegação, a qual pode ser realizada de forma não sequencial e, portanto, não linear. Isso porque pode haver *links* estabelecidos entre os elementos de mídia (textos, imagens, sons etc.).

Esses *links*, encontrados nos títulos hipermídia, utilizam os conceitos do hipertexto. Segundo Kilian (citado por Gosciola, 2003, p. 30), o hipertexto é "um texto que faz referência a outros textos e que possibilita ir ao encontro deles". Na mesma ótica, Gosciola (2003, p. 30) complementa, afirmando que

> o hipertexto é um documento eletrônico – texto, gráfico, áudio, video ou uma combinação desses quatro elementos – ligado a outros documentos eletrônicos. O hipertexto é arquivado no disco de um computador, que permite ao leitor saltar para outro arquivo no mesmo computador ou em computadores distantes.

A pesquisadora e autora Lucia Santaella (2004) afirma que o conceito de hipertexto foi concebido em 1945 por Vannevar Bush (1890-1974), Douglas Engelbart (1925-2013) e Theodor Nelson (1937-). O primeiro sistema hipermídia foi conceituado por Bush no artigo *"As we way think"* (em tradução livre, "Como nós pensamos"), publicado na Revista *Atlantic Monthly* na edição de julho de 1945. O sistema proposto, batizado de *Memex*, consistia em uma máquina de microfilmes capaz de armazenar todos os livros, registros e comunicações de um usuário de forma a suplementar sua memória pessoal. A partir dessas ideias, em 1963, Engelbart deu início à concepção e ao desenvolvimento de ferramentas computacionais que se tornaram indispensáveis na navegação hipermídia como a conhecemos atualmente. Suas invenções incluem o *mouse*, as ligações hipertextuais, os processadores de texto, as interfaces gráficas, entre várias outras.

Dando prosseguimento às ideias de Bush, ainda na década de 1960, Nelson cunhou os termos *hipermídia* e *hipertexto* para descrever os sistemas de escrita não sequencial e com leitura não linear, em seu artigo "*Complex information processing: a file structure for the complex, the changing, and the indeterminate*" (em tradução livre, "Processamento de informações complexas: uma estrutura de arquivos para o complexo, o mutável e o indeterminado"), publicado em 1965.

Em um terceiro nível de interatividade, estabelecendo um intercâmbio de informações entre usuário e produto, encontram-se os **aplicativos multimídia**, os quais possuem recursos gráficos estáticos, animações, sons, entre outros elementos, para que a interface com o usuário seja amigável e facilite a compreensão e a navegabilidade.

De acordo com Paula Filho (2000, p. 10), os aplicativos multimídia "processam o próprio material de multimídia, geralmente em tempo real. A multimídia deixa de ser apenas um recurso de interface, para ser o objetivo central do próprio aplicativo". Nessa ótica, podemos classificar os aplicativos multimídia em (Paula Filho, 2000):

- **Ferramentas de multimídia:** São usadas para a produção de materiais multimídia. Exemplos são o Adobe Animate (animações) e o SoundForge (áudio).
- **Sistemas de visualização técnica e científica:** Utilizados para a visualização arquitetônica e de engenharia (como o Autodesk 3D Max), bem como na medicina e na representação visual de fenômenos complexos.
- **Simuladores em tempo real:** Usados na indústria para simular processos e produtos, bem como no entretenimento e como ferramentas de treinamento.
- **Sistemas de informação geográfica:** A exemplo de GPS automotivo, Waze e Google Earth.

- **Sistemas de computação musical:** São capazes de sintetizar sons de instrumentos musicais, gerar sistemas de notação musical etc.
- **Sistemas avançados de entretenimento:** Utilizam tecnologias e sistemas de realidade virtual.

Os *sites* para internet incluem as redes sociais, os portais de entretenimento e de informação, o *e-commerce*, páginas educacionais etc. e incorporam as novas tecnologias de visualização e manipulação de objetos tridimensionais, assim como a realidade virtual e a realidade aumentada, entre outras formas de interação que proporcionem ao usuário um papel ativo, colocando-o no controle dos recursos hipermidiáticos.

Podemos afirmar que todas as categorias de multimídia usam elementos como textos, gráficos, animações, vídeos e áudios em seus processos de autoria, compondo e cumprindo da melhor forma possível os objetivos do produto multimídia proposto.

## 5.2 Autoria em multimídia

A autoria em multimídia compreende as técnicas e os processos referentes à produção de um conteúdo ou produto envolvendo elementos multimídia e pode ser realizada de **forma linear** ou **não linear**.

Quando a autoria assume uma **forma linear**, os conteúdos são apresentados e organizados sequencialmente, sendo que sua leitura se inicia a partir de um ponto predefinido e se encerra com uma finalização lógica. Assim, esse tipo de apresentação multimídia pode ser automatizado, determinando um tempo para que cada tela avance automaticamente. Um conteúdo de multimídia linear pode ser criado diretamente em *softwares* populares como PowerPoint, por exemplo, e incluir diversos elementos, tais como textos estáticos ou animados, vídeos, fotografias, animações etc., mas não há a possibilidade de interação entre a audiência e o conteúdo produzido, já que as telas são preparadas, organizadas e controladas ou automatizadas pelo apresentador em uma sequência predefinida.

Ao se produzir um conteúdo de multimídia considerando a não linearidade das informações ou da navegação em si, pressupõe-se que o usuário deverá interagir com um programa de computador, assumindo seu controle por intermédio de alguns elementos conceituais, como os apontados no Quadro 5.1, a seguir.

Quadro 5.1 – **Elementos conceituais na multimídia não linear**

| | |
|---|---|
| Hipermídia | Autoração |
| | Autoria |
| *Link* | Estruturação |
| | Navegação |
| Conteúdo | Lexia |
| | Níveis de complexidade |
| Conteúdo | Comunicação |
| | Narrativa |
| Não linearidade | Fruição |
| | Simultaneidade |
| Interatividade | Apresentação |
| | escolha |
| Interface | Design |
| | metáfora |
| Tecnologia | Hardware |
| | software |

Fonte: Gosciola, 2003, p. 184.

Em uma aplicação não linear, o desenvolvedor estabelece um design estrutural para a informação. Nesse design, o usuário é livre para navegar pela interface do modo como quiser. A esse respeito, Filatro (2008, p. 65) comenta que "o design estrutural pode seguir quatro estruturas, a saber: a estrutura linear ou sequencial, a estrutura hierárquica, a estrutura em mapa ou rede e a estrutura rizomática". Podemos comparar, nas figuras a seguir, como o fluxo informação é determinado em cada uma dessas estruturas de organização da informação.

Figura 5.2 – **Estrutura linear ou sequencial**

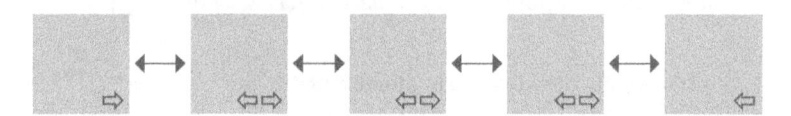

Fonte: Elaborada com base em Filatro, 2008.

Figura 5.3 – **Estrutura hierárquica**

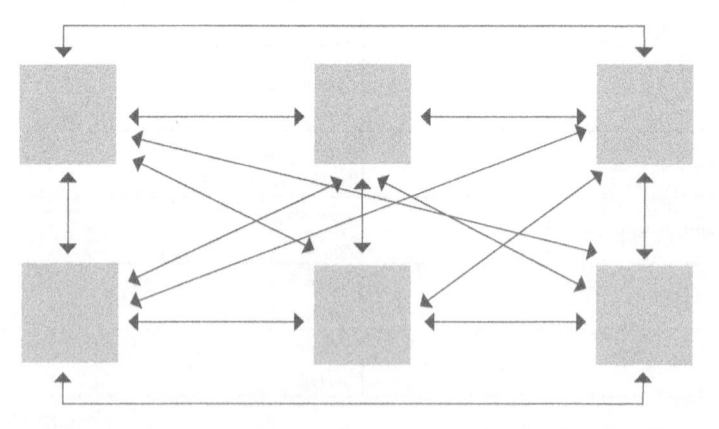

Fonte: Elaborada com base em Filatro, 2008.

Figura 5.4 – **Estrutura em mapa ou rede**

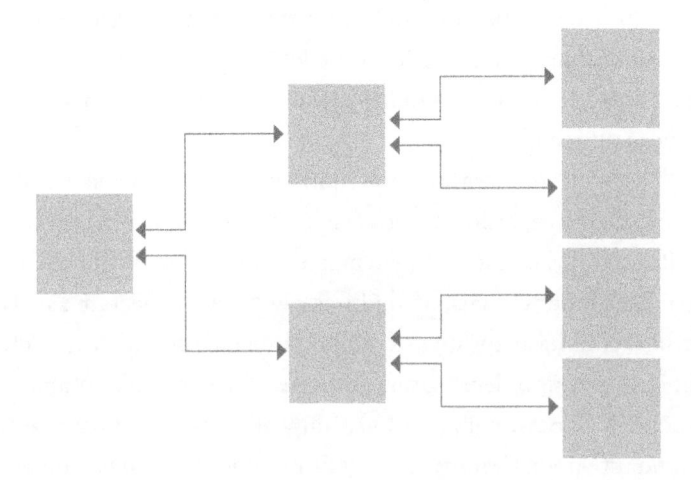

Fonte: Elaborada com base em Filatro, 2008.

Figura 5.5 – **Estrutura rizomática**

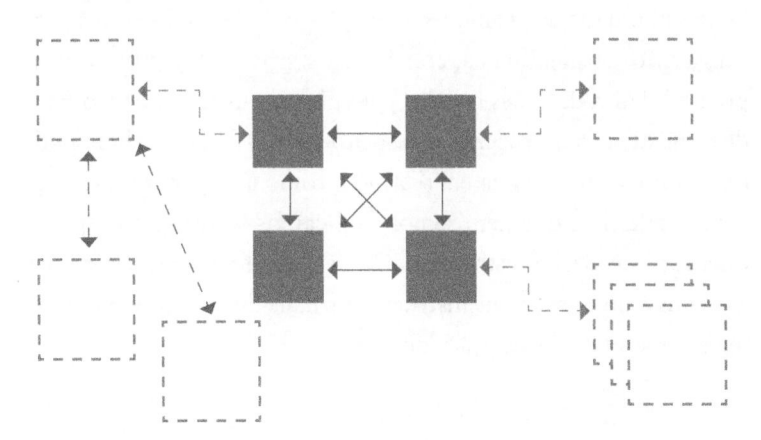

Fonte: Elaborada com base em Filatro, 2008.

Observe que, na estrutura linear, o aluno pode avançar ou recuar nas telas, mas de modo sequencial e linear. Ou seja, ele tem que cumprir uma sequência predefinida sem que seja possível saltar entre as telas, pois somente são apresentadas as opções de avançar ou recuar.

Já a estrutura hierárquica permite que o aluno possa escolher o fluxo da informação conforme as ramificações da estrutura.

Por sua vez, na estrutura em mapa ou rede, a qual se baseia nas estruturas hipertextuais, há múltiplos *links* que conectam as telas entre si, com base nos quais o aluno pode escolher qual caminho seguir. Nesse tipo de estrutura, deve-se planejar cuidadosamente as conexões, pois, como não são impostas regras de navegação, o estudante pode facilmente se sentir perdido diante das inúmeras possibilidades apresentadas.

Por fim, a estrutura rizomática permite a colaboração por parte do aluno, uma vez que o espaço não é limitado. Isso significa que há possibilidade de promover alterações por meio de espaços para a inserção de mensagens, comentários, atividades, entre outras possibilidades de ações criadas pelo próprio usuário. Outro fator diferencial nessa estrutura diz respeito ao fato de que o aluno pode exercitar sua autonomia em relação a como navegar entre as telas.

Ressaltamos que nem sempre aplicamos somente um tipo de estrutura no design estrutural. Ou seja, podemos criar sistemas híbridos e obter sistemas instrucionais mais fluídos, que explorem mais possibilidades de aprendizagem.

## 5.3 O papel da multimídia no design instrucional

Agora que já conceituamos a multimídia e mostramos como estruturar e organizar o fluxo de informações, podemos pensar como utilizá-la na produção de materiais didáticos e de recursos de aprendizagem no DI. Para tanto, veremos como desenvolver soluções educacionais à luz dos princípios da aprendizagem cognitiva.

Por definição, a aprendizagem cognitiva, de acordo com Campos (1998, p. 53), "é aquela cujo processamento, predomina os elementos da natureza intelectual, tais como a percepção, raciocínio e memória etc.". Ou seja, no nível de aprendizagem cognitiva, interpretamos as diversas informações que obtemos por meio do nível sensorial e integramos o conteúdo aprendido ao conhecimento prévio já armazenado em nossa memória, o que resulta na associação das informações – processo denominado *aprendizagem significativa*.

Considerando o *e-learning*, devemos compreender como as pessoas aprendem por meio de conteúdos multimídia. A esse respeito, Clark e Mayer (2011) trazem um modelo de como a teoria cognitiva está relacionada à aprendizagem por meio da multimídia, como pode ser visualizado na Figura 5.6.

Figura 5.6 – **Teoria cognitiva da aprendizagem multimídia**

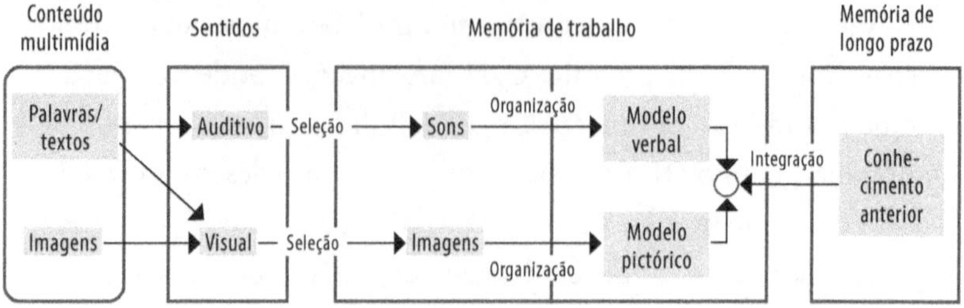

```
Conteúdo                                                                           Memória de
multimídia      Sentidos            Memória de trabalho                            longo prazo

┌──────────┐                                      Organização  ┌─────────┐
│ Palavras/│   ┌──► Auditivo ─ Seleção ──► Sons ─────────────► │ Modelo  │
│  textos  │───┤                                               │ verbal  │─┐
└──────────┘   │                                               └─────────┘ │ Integração  ┌──────────┐
               │                                                           ├────────────►│  Conhe-  │
┌──────────┐   │                                               ┌─────────┐ │             │ cimento  │
│  Imagens │───┴──► Visual ── Seleção ──► Imagens ───────────► │ Modelo  │─┘             │ anterior │
└──────────┘                                      Organização  │pictórico│               └──────────┘
                                                               └─────────┘
```

Fonte: Clark; Mayer, 2011, p. 36, tradução nossa.

Note que o conteúdo multimídia é percebido em dois canais: auditivo e visual. Assim, palavras, textos e imagens são selecionados e processados na memória de trabalho por meio de modelos verbais e pictóricos, sendo integrados ao conhecimento anterior obtido da memória de longo prazo. Nessa ótica, o conhecimento é construído com base em três processos cognitivos:

I. **Seleção de imagens e palavras:** A atenção é direcionada às palavras e imagens relevantes apresentadas no material.

II. **Organização de palavras e imagens:** O material é organizado por meio de processos mentais em representações verbais e pictóricas.

III. **Integração:** As representações verbais e pictóricas são integradas com outras correlacionadas a um conhecimento anterior.

Clark e Mayer (2011) salientam que a aprendizagem significativa ocorre quando o aluno se engaja de forma adequada em todos os três processos.

Em síntese, como as informações são recebidas mediante dois canais – visual e auditivo –, há um incremento na capacidade da memória de trabalho, já que será necessário lidar com dois sistemas de processamento. Com esse pressuposto em mente, podemos utilizar tais princípios no design de materiais multimídia, como veremos a seguir.

Conforme mencionamos anteriormente, é recomendável que no *e-learning* sejam incluídos palavras e gráficos de forma integrada, considerando como as palavras e imagens trabalham em conjunto para criar um significado ao aluno. Ainda, é importante evitar a apresentação de informações textuais sem que haja uma conexão com uma informação gráfica. Isso será fundamental para ativar o processamento nos dois canais e, consequentemente, promover uma aprendizagem mais significativa, incentivando os alunos a se envolverem em uma aprendizagem ativa, na qual realizam conexões mentais entre o pictórico e o verbal.

Na concepção de materiais multimídia, faz-se relevante selecionar os recursos gráficos que sejam representativos para o processo de aprendizagem. Na esteira dessa premissa, devemos considerar as possíveis funções que os gráficos podem desempenhar, tais como:

I. **Gráficos decorativos:** Têm a função de decorar uma página, tela ou unidade de estudo sem, necessariamente, realçar a mensagem da aula/do conteúdo.
II. **Gráficos representacionais:** Retratam um único elemento, como pessoas, objetos ou eventos, de forma realista.
III. **Gráficos relacionais:** Representam visualmente as relações quantitativas entre dois elementos, como gráficos de barra, de linhas, de pizza etc.
IV. **Gráficos organizacionais:** Retratam visualmente as relações entre elementos, orientando o aluno quanto a uma sequência ou estrutura de conteúdos, por exemplo.

v. **Gráficos transformacionais:** Dizem respeito às mudanças em um objeto ao longo do tempo.
vi. **Gráficos interpretativos:** Ilustram elementos invisíveis ou conceitos abstratos, conferindo-lhes uma forma pictórica.

De modo prático, tomemos como exemplo hipotético um curso *on-line* de mecânica de bicicletas. Na tela de abertura (Figura 5.7), apresentamos uma foto de um ciclista em uma estrada e, na mesma tela, o texto "Mecânica de bicicletas". Esse gráfico assume a função decorativa, pois apenas ilustra o tema do curso em si.

Figura 5.7 – **Exemplo de gráfico decorativo**

Em um dos módulos, a tela apresenta a imagem de um cubo de roda de bicicleta e o texto "Manutenção do cubo" (Figura 5.8). A imagem em si retrata o elemento principal que será o assunto abordado no módulo, ou seja, está representando o conteúdo. Dessa forma, o gráfico posto assume a função representacional.

Figura 5.8 – **Exemplo de gráfico representacional**

Manutenção do cubo

Em nosso caso hipotético, os gráficos relacionais poderiam estar representando visualmente a análise do uso de marchas de uma bicicleta, como no exemplo da Figura 5.9.

Figura 5.9 – **Exemplo de gráfico relacional**

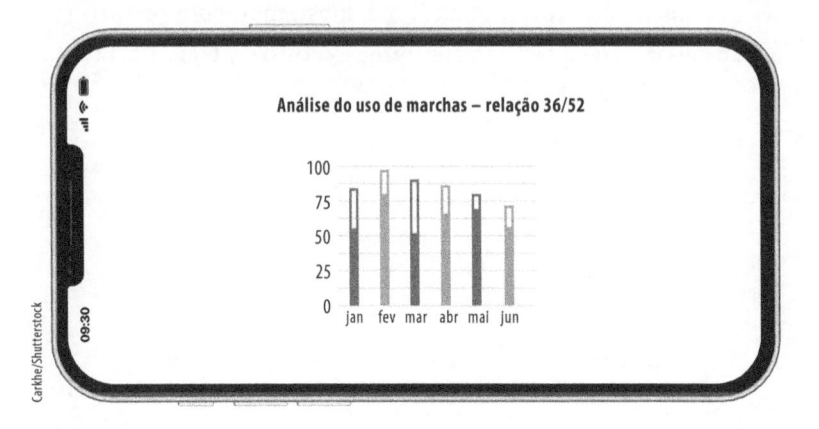

Análise do uso de marchas – relação 36/52

Um gráfico organizacional poderia estar presente na apresentação do curso, informando ao aluno quais passos devem ser seguidos em seu decorrer, como demonstra a Figura 5.10.

Figura 5.10 – **Exemplo de gráfico organizacional**

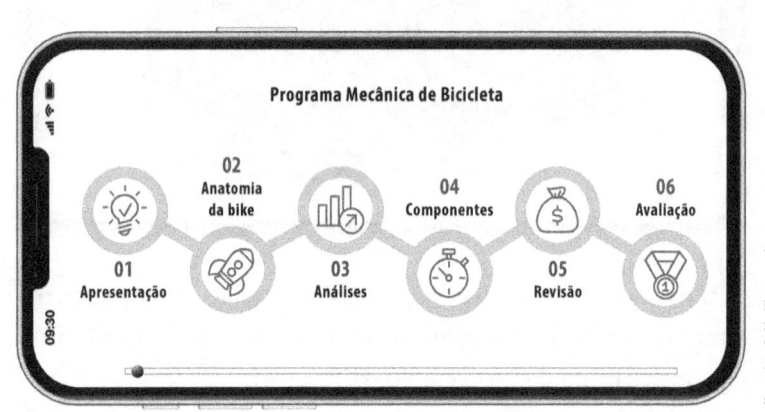

**Programa Mecânica de Bicicleta**

01 Apresentação
02 Anatomia da bike
03 Análises
04 Componentes
05 Revisão
06 Avaliação

Happy Art e Carkhe/Shutterstock

Para representar um gráfico transformacional, poderíamos ter um vídeo com uma animação demonstrando como funciona a transmissão ao se pedalar, conforme exposto na Figura 5.11.

Figura 5.11 – **Exemplo de gráfico transformacional**

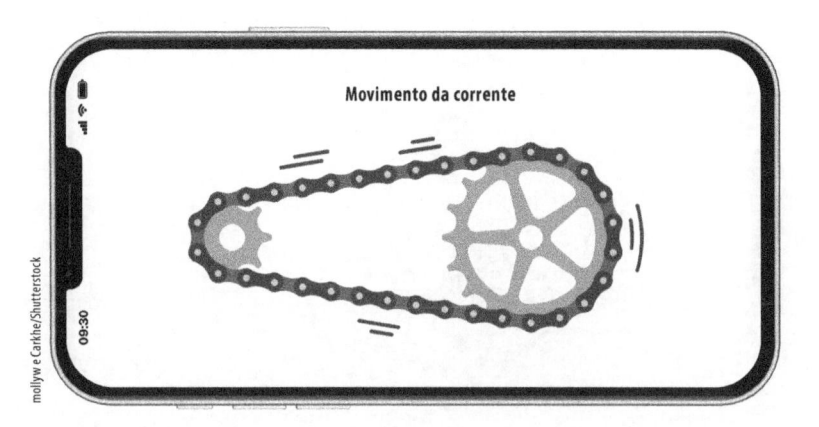

Por fim, um gráfico interpretativo poderia ser representado por um elemento com função comparativa, a exemplo de uma animação demonstrando o funcionamento de uma bomba de encher pneus, na qual o ar é retratado por pequenos pontos (Figura 5.12). Entretanto, perceba que, para o gráfico assumir tal função, não há a necessidade de incluir simulações, pois a ideia é estimular o aluno a fazer analogias que possibilitem o entendimento do assunto tratado.

Figura 5.12 – **Exemplo de gráfico interpretativo**

Alekz82 e Carkhe/Shutterstock

Com base na teoria da aprendizagem cognitiva, Clark e Mayer (2011) recomendam que os cursos na modalidade *e-learning* incluam palavras e gráficos em vez de somente palavras, como ressaltamos anteriormente. De acordo com os autores, as palavras se referem aos textos impressos (em tela) ou falados. Já os gráficos são relacionados a ilustrações estáticas (desenhos, tabelas, gráficos, mapas ou fotos) e a gráficos dinâmicos (animações ou vídeos).

Dessa forma, é recomendável que o uso de gráficos decorativos e representacionais seja minimizado, a fim de incorporar gráficos que auxiliem o aluno a compreender melhor o conteúdo apresentado, ou seja, dando preferência à aplicação de gráficos transformacionais, organizacionais e interpretativos. Por exemplo, quando um texto descreve uma relação quantitativa, devemos aplicar um gráfico relacional; se o texto retrata mudanças ao longo do tempo, então um gráfico transformacional agregará maior compreensão ao conteúdo.

Também devemos pensar nos diferentes tipos de conteúdo, os quais podem se enquadrar como: fatos, conceitos, processos, procedimentos e princípios, para criar e aplicar gráficos significativos ao aprendizado do aluno, evitando a função meramente decorativa. Desse modo, sintetizamos, no Quadro 5.2, a seguir, algumas formas de usar gráficos que incrementam o aprendizado conforme o tipo de conteúdo.

Quadro 5.2 – **Aplicação de gráficos de acordo com o tipo de conteúdo**

| Tipo de conteúdo | Descrição | Tipo de gráfico/ função | Exemplo |
|---|---|---|---|
| Fatos | Informações únicas e isoladas, como telas de aplicações específicas, formulários ou informações de um produto. | • representacional<br>• organizacional | Tela de aplicativo com botões para escolha e/ou navegação.<br>Tabelas com nomes e especificações de um produto. |
| Conceitos | Categorias de objetos, eventos ou símbolos designados por um único nome. | • representacional<br>• organizacional<br>• interpretativo | Ilustração de uma árvore genealógica.<br>Fórmulas do Excel para ilustrar as regras de formatação do *software*. |

*(continua)*

*(Quadro 5.2 – conclusão)*

| Tipo de conteúdo | Descrição | Tipo de gráfico/ função | Exemplo |
|---|---|---|---|
| Processos | Descrição de como as coisas funcionam. | • transformacional<br>• interpretativo<br>• relacional | Animação do funcionamento do coração humano. Diagramas do funcionamento da transmissão de uma bicicleta.<br>Animação do mecanismo de vacinas contra vírus.<br><br>Virologia •••<br>**Vacina de mRNA encapsulado** |
| Procedimentos | Uma série de passos que resultam na conclusão de uma tarefa. | • transformacional | Ilustração animada demonstrando como se utiliza uma planilha eletrônica.<br>Ilustração indicando um procedimento de segurança.<br><br>Abaixar!  Segurar-se!  Proteger-se! |
| Princípios | Diretrizes que resultam na conclusão de uma tarefa; relacionamentos de causa e efeito. | • transformacional<br>• interpretativo | Animação demonstrando como os genes são transmitidos de pais para filhos.<br>Vídeo com abordagens efetivas para se concluir uma venda. |

Fonte: Elaborado com base em Clark; Mayer, 2011.

Tomas Knopp, VectorMine, BigBearCamera, VectorMine e Nomad_Soul/Shutterstock

É interessante notar que os gráficos contribuem psicologicamente com os eventos de aprendizagem. Como aponta Filatro (2008), eles fazem com que o material se torne mais interessante para os alunos, motivando a aprendizagem. Além disso, estimulam os modelos mentais, incrementando o conhecimento prévio, além de auxiliarem os estudantes na construção de novas memórias, direcionarem a atenção deles focando em elementos importantes do material e apoiarem a transferência da aprendizagem, promovendo uma melhor compreensão dos conteúdos.

## 5.4 Princípios para aplicação da multimídia no design instrucional

No subcapítulo anterior, demonstramos que é importante aliar os gráficos às palavras, a fim de que haja uma melhor compreensão dos conteúdos em um material. Nessa perspectiva, é necessário pensar em um modo de combinar tais elementos para que os alunos aprendam mais e melhor. Assim, Filatro (2008) e Clark e Mayer (2011) sugerem alguns princípios que podem nortear a criação dos materiais multimídia, a saber: princípio da multimídia; princípio da vizinhança ou da proximidade; princípio da modalidade; princípio da redundância; princípio da coerência; princípio da personalização; e princípio da prática.

No quadro 5.3, a seguir, apresentamos as características e aplicações de cada um desses princípios.

Quadro 5.3 – **Princípios para aplicação da multimídia no DI**

| Princípio | Descrição | Exemplo de aplicação |
|---|---|---|
| Princípio da multimídia | Incluir tanto textos quanto gráficos de forma combinada, evitando o uso de apenas um tipo de informação. | Gráficos para ensinar determinados tipos de conteúdo. Gráficos como organizadores de tópicos. Gráficos para mostrar relacionamentos. Gráficos como interface para a apresentação do conteúdo da aula. |
| Princípio da proximidade ou vizinhança | Textos devem estar próximos de gráficos correspondentes, evitando que o aluno precise recorrer a recursos cognitivos para criar as relações necessárias entre os elementos. | Evitar a separação de texto e gráficos em telas que possuam rolagem. Evitar que *hiperlinks* abram novas janelas, cobrindo a tela principal. Posicionar elementos textuais explicativos dentro da própria imagem. Sincronizar a narração com os gráficos correspondentes. |
| Princípio da modalidade | Usar narração em vez de texto escrito na tela, a fim de otimizar a utilização da memória de trabalho do usuário. | Gráficos ou animações acompanhados por áudio. |
| Princípio da redundância | Quando duas fontes de informação podem ser compreendidas de forma separada, não devem ser apresentadas juntas. | Não adicionar textos sobrepondo gráficos com narração. Utilizar animações com locução, evitando a aplicação de textos escritos sobre elas. |
| Princípio da coerência | Evitar elementos estranhos e sem relevância (textos, sons, imagens) ao conteúdo. | Não utilizar elementos que distraiam a atenção do aluno, procurando excluir aqueles que não contribuem de forma efetiva para a compreensão do conteúdo. |
| Princípio da personalização | Utilizar estilo conversacional em vez de estilo formal. | Usar construções textuais em primeira pessoa em tons amigáveis. |
| Princípio da prática | Propor atividades práticas, para que os alunos integrem o conhecimento teórico à sua aplicação prática. | Desafiar os alunos a resolverem situações-problema com base nos conteúdos explorados na unidade de aprendizagem. |

Fonte: Elaborado com base em Filatro, 2008; Clark; Mayer, 2011.

Para que a aprendizagem seja mais efetiva, a prática deve ser distribuída por todo o ambiente, pois a aplicação prática de um conhecimento colabora para sua melhor compreensão e, consequentemente, para um melhor desempenho do aluno. É importante ressaltar a importância de projetar soluções criativas, a fim de que os exercícios práticos estejam em consonância com situações do mundo real, ou seja, espelhando a realidade e, com efeito, exigindo um comportamento proativo do estudante.

As atividades práticas também devem proporcionar um *feedback* imediato ao aluno. Isto é, trata-se de apontar o porquê de sua resposta estar correta ou incorreta, concentrar sua explicação na tarefa em si ou no processo que envolve sua conclusão e evitar efeitos comparativos entre os estudantes.

A aplicação dos princípios, conforme abordamos no Quadro 5.3, proporciona o desenvolvimento de exercícios práticos e de conteúdos multimídias que minimizam a carga cognitiva não relevante ou estranha ao processo. Por isso, em síntese, recorra a recursos visuais relevantes, aplique textos para fornecer *feedbacks* ou orientações próximos aos recursos visuais ou relativos à área de resposta do aluno e evite usar sons ou outras distrações que não tenham ligação direta com o conteúdo em questão.

Com base nesses princípios e nos conceitos que abordamos neste capítulo, analisaremos a seguir como eles foram aplicados na elaboração de conteúdos multimídia para um curso na modalidade EaD de treinamento para a rede de distribuição de veículos.

## 5.5 Estudo de caso: desenvolvimento de multimídia para um projeto em EaD

Durante uma crise na oferta e demanda de veículos automotores, detectou-se que havia uma deficiência na formação de mão de obra para a rede de distribuição de veículos automotores. Solicitou-se, então, que fosse criada uma estrutura de treinamento em EaD, com o objetivo de capacitar os profissionais por meio da disseminação de técnicas consagradas de *marketing*, gestão e vendas, a fim de incrementar as capacidades competitivas de mercado das concessionárias.

Assim, foi criada uma equipe de especialistas formada por pedagogos, designers gráficos, designers instrucionais, produtores de vídeo e especialistas em tecnologia e em gestão de projetos. Então, foram definidos os conteúdos e os professores conteudistas para as unidades de aprendizagem (UAs) estruturadas pelos pedagogos e designers instrucionais. A princípio, seriam produzidos conteúdos para um canal de TV via satélite, para um portal na internet (síncrono e assíncrono), para mídias portáveis (CDs, DVDs, *pendrives* etc.) e mídia impressa (guia de estudo e guia do tutor), visando à estratégia de integração de mídias para alcançar efetivamente o maior público possível.

Para que houvesse um laço afetivo entre os temas abordados e os potenciais alunos, selecionados após a definição do público-alvo (profissionais da rede de distribuição de veículos automotores), foi criada uma narrativa baseada em um *rally* de regularidade. Com base nesse conceito, todas as mídias deveriam estar integradas.

No conceito de *rally* de regularidade, o objetivo do piloto é percorrer o trajeto da prova obedecendo às médias horárias impostas no livro de bordo, sendo que a checagem é realizada por meio de *checkpoints*, que não têm sua localização divulgada anteriormente. Sob essa perspectiva, buscou-se criar metáforas por meio do design da interface e dos objetos de aprendizagem a serem elaborados.

Dessa forma, o aluno teria à disposição uma interface organizada em UAs e, ao percorrer o conteúdo, encontraria os *checkpoints*, desenvolvidos e posicionados em diferentes pontos e em formatos variados, os quais compunham sua avaliação de aprendizagem no processo.

As animações e os demais objetos de aprendizagem foram sendo gerados de acordo com as necessidades de cada conteúdo, como apresentamos no exemplo a seguir, em que a professora conteudista do módulo "Melhoria das práticas operacionais I" sugeriu a seguinte atividade:

> Após assistir a videoaula, ler os textos e desenvolver os exercícios propostos na Internet, inicie a realização do Projeto PrátiAção. Localize no Portal o arquivo "Pratic" e faça a impressão do Motor Pessoal. Então, siga as instruções recebidas na videoaula e que estão abaixo referidas. Registre o que é solicitado em cada uma das partes do "motor". (Corbellini, [S.d.], p. 9)

Assim, foram definidas as partes do motor relativas a qualidades, habilidades, crenças, atitudes e contribuições, que os alunos deveriam relacionar com a metáfora do funcionamento do motor. Em seguida, a equipe de designers produziu uma interface gráfica e uma animação demonstrativa do funcionamento de um pistão de motor, estabelecendo relações visuais entre os conteúdos, a atividade e a metáfora em si, conforme ilustra a Figura 5.13.

Figura 5.13 – **Frame** da animação do motor e prévia do *layout* do exercício

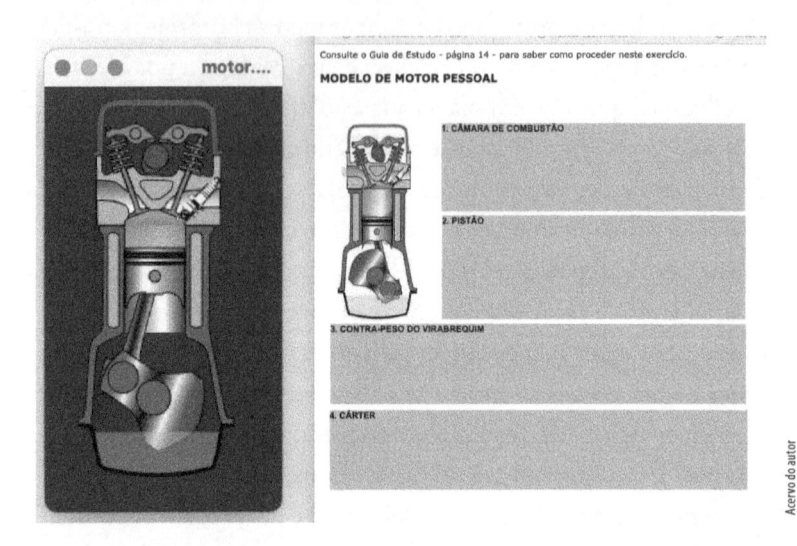

Outra animação desenvolvida especialmente para o conteúdo desse módulo relacionava sons aos níveis de qualidade de interação grupal (Figura 5.14), ativando os dois canais sensoriais, como discutimos anteriormente. Nela, o aluno visualizava e ouvia determinado som de acordo com a qualidade. Por exemplo, no nível mais baixo (bando), surgem pequenas esferas coloridas em movimento desordenado e sincronizado com sons dissonantes, sem harmonia. Conforme a evolução nos níveis, as esferas passam a se tornar mais organizadas, com tonalidades mais próximas, e os sons correspondentes ficam mais harmonizados, culminando com o nível de equipe de alto desempenho, quando a animação das esferas converge para um único ponto, no qual os sons estão perfeitamente harmonizados.

Figura 5.14 – **Animações e sons desenvolvidos para atividade de interação grupal**

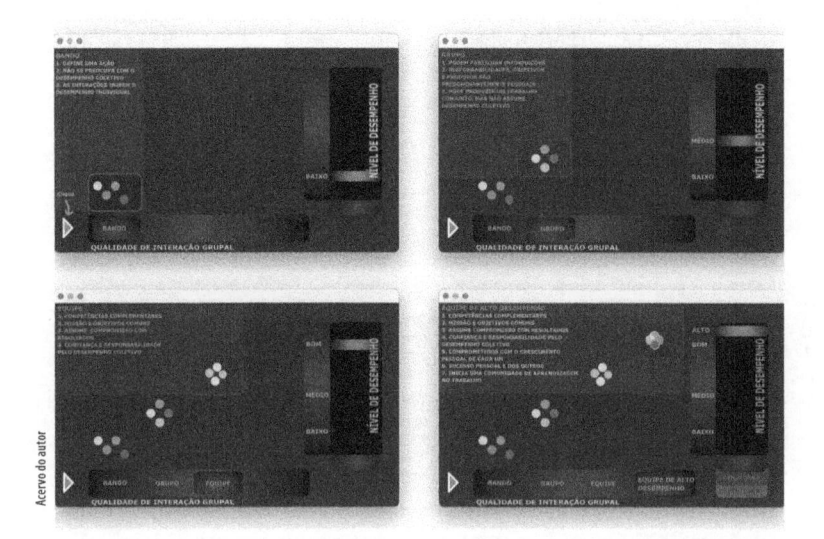

Acervo do autor

Perceba que, nessa animação, foram aplicados os princípios da multimídia e da proximidade. Além disso, há *feedback* em tempo real, em forma de gráfico de barras, informando a qualidade obtida em cada categoria de interação grupal.

Várias outras animações foram elaboradas para o projeto como um todo, que era composto por sete módulos ao longo de 60 horas previstas de estudo, distribuídas entre videoaulas, guia de estudo, portal da internet e projetos práticos.

Agora é com você!

Em um dos projetos práticos propostos, o aluno deveria identificar funções e papéis que contribuem ou não para o crescimento da equipe e a resolução de tarefas, assim como relacioná-las a componentes de um veículo e a um percurso, como descrito no Quadro 5.4, a seguir.

Quadro 5.4 – **Componentes do veículo e percurso**

| Componente | Significado – comportamento – ações |
|---|---|
| Luz traseira | Olha para trás; preocupa-se mais com o passado do que com o futuro; lamenta a perda de situações passadas no presente. |
| Buraco | Torna a trajetória difícil e penosa; aparece como obstáculo para o alcance de objetivos. |
| Mola | Amortece os impactos negativos da trajetória, ajudando na continuidade das ações. |
| Combustível | Fornece energia, ideias e entusiasmo à equipe; traz novas experiências. |
| Luz dos faróis | Ilumina o caminho; adota uma visão de longo prazo. |
| Radiador | Esfria os ânimos em situações de "temperatura" alta; equilibra e harmoniza as relações. |
| Âncora | É um peso que precisa ser arrastado por todos; segura o desenvolvimento da equipe. |
| Volante | Mantém a equipe no rumo certo, com flexibilidade, abrindo espaço para mudanças necessárias. |
| Para-choque | Oferece proteção à equipe em situações desfavoráveis. |
| Motor | Canaliza a energia; movimenta as ideias da equipe; difunde o entusiasmo. |
| Bagageiro | Possui boas ideias, mas não costuma compartilhá-las com o grupo; é pouco acessível. |

Agora, utilizando o Quadro 5.4 como referência, faça estudos e esboços, crie um *storyboard*, utilize sua criatividade, recorra a ferramentas, conceitos e técnicas do DI que abordamos até aqui para criar um conteúdo de animação em multimídia para esta tarefa.

## SÍNTESE

Neste capítulo, mostramos o que é multimídia e verificamos que ela surge em diferentes graus de interatividade, podendo ser linear ou explorar a não linearidade, que consiste em uma característica própria dos meios digitais. Dessa forma, aprendemos que as aplicações multimídia podem ser categorizadas em títulos, *sites* para internet e aplicativos, sendo que cada um possui especificidades e níveis próprios de interatividade.

O processo de produção multimídia não linear envolve o conhecimento do design estrutural para que se estabeleça como o fluxo de informação é então determinado. Tal processo pode assumir uma estrutura hierárquica, em mapa/rede ou rizomática. Assim, a multimídia, quando aplicada à produção de materiais didáticos e ao desenvolvimento de recursos de aprendizagem instrucional, baseia-se na aprendizagem cognitiva, estimulando dois canais sensoriais: o auditivo e o visual, e construindo o conhecimento por meio dos processos cognitivos de seleção, organização e integração.

É importante lembrar que os recursos gráficos a serem empregados na produção multimídia devem ser representativos para o processo de aprendizagem. Por isso, é necessário considerar as possíveis funções que esses recursos possam desempenhar nos materiais propostos, aplicando-os de acordo com o tipo de conteúdo. Ressaltamos, também, que, para nortear o processo de criação de materiais multimídia, devemos seguir os princípios da multimídia, da vizinhança, da modalidade, da redundância, da coerência, da personalização e da prática. Nesse sentido, é possível criar exercícios práticos e conteúdos multimídias que minimizem a carga cognitiva não relevante, o que certamente contribuirá com a elaboração de materiais significativos para a aprendizagem.

No estudo de caso apresentado, notamos que foi preciso montar uma equipe multidisciplinar para o desenvolvimento dos diversos materiais necessários para a produção do curso em EaD, estruturado com base em materiais síncronos e assíncronos distribuídos em diferentes mídias. Em especial, enfatizamos como foram geradas pequenas animações que exploravam os dois canais sensoriais (auditivo e visual) a fim de realçar a metáfora aplicada ao curso, gerando maior identificação no público-alvo. Também, demonstramos de que modo foram aplicados os princípios da multimídia e da proximidade em um gráfico interativo, desenvolvido especialmente para determinado conteúdo. Finalizamos tal estudo desafiando você, leitor, a encontrar uma solução multimídia para uma das atividades que fazem parte do curso estudado.

QUESTÕES PARA REVISÃO

1. Com base nos conceitos que abordamos neste capítulo, assinale a alternativa que define corretamente o que vem a ser *multimídia*:

    a. A integração de gráficos, animações, vídeos, áudios e textos baseada em computador, em aplicações lineares ou não lineares.
    b. A diversidade de meios de comunicação em massa presentes nas redes sociais utilizando recursos de vídeo.
    c. Os diversos sistemas computacionais utilizados para gerar conteúdo em formato de imagens JPG.
    d. Por meio de dispositivos sintetizadores, trata-se da técnica de integrar e sintetizar sons, os quais são convertidos para o formato digital.
    e. A utilização e combinação obrigatória de duas mídias em um arquivo de vídeo digital exportado no formato 4K.

2. Em relação aos títulos lineares e títulos hipermídia, indique a alternativa correta:

    a. Nos títulos lineares, o usuário tem um papel ativo e colaborativo; já nos títulos hipermídia, a relação do usuário com a aplicação multimídia é de natureza passiva.

**b.** Nos títulos lineares, a ordem de navegação a ser seguida pelo usuário é predefinida pelo designer instrucional de forma sequencial; nos títulos hipermídia, a ordem de navegação é interativa e não linear.

**c.** Os títulos lineares estão no terceiro nível de interatividade e têm a multimídia como objetivo central; por sua vez, os títulos hipermídia estão no primeiro nível de interatividade.

**d.** Nos títulos lineares, a ordem de navegação que pode ser seguida pelo usuário é interativa e linear; já nos títulos hipermídia, essa ordem é predefinida e sequencial.

**e.** Nos títulos lineares, são utilizados vídeos e hipertextos; já nos títulos hipermídia, são usados conteúdos sem interação direta entre o usuário e o autor da aplicação.

**3.** Em relação aos princípios para aplicação da multimídia no design instrucional, analise as assertivas a seguir e assinale V para as verdadeiras e F para as falsas.

( ) De acordo com o princípio da multimídia, devemos incluir, de forma combinada, tanto textos como gráficos, evitando o uso de apenas um tipo de informação.

( ) O princípio da vizinhança ou proximidade se refere ao uso de narração em vez de texto escrito na tela, como uma maneira de otimizar a memória de trabalho do usuário.

( ) Quando aplicamos duas fontes de informação que podem ser compreendidas separadamente, não devemos apresentá-las juntas. Isso está previsto no princípio da redundância.

( ) A aplicação do princípio da prática permite desafiar os alunos para que resolvam situações-problema com base no conteúdo estudado, permitindo que o conhecimento teórico seja integrado à sua aplicação prática.

( ) O princípio da coerência prevê que utilizar construções textuais em primeira pessoa em tons amigáveis e em estilo conversacional melhora a compreensão dos materiais.

Agora, assinale a alternativa que contém a sequência correta:

a. V, V, V, F, F.
b. V, V, F, F, V.
c. F, F, V, F, F.
d. F, V, V, F, V.
e. V, F, V, V, F.

4. A interatividade é um tipo de comunicação possível graças às potencialidades específicas de algumas configurações tecnológicas particulares e ocorre em três níveis. Cite e sintetize cada um desses níveis.

5. As aplicações multimídia não lineares com recursos hipermídia são agrupadas em elementos conceituais. Cite quais elementos são esses.

QUESTÃO PARA REFLEXÃO

1. Considerando a aplicação de gráficos de acordo com o tipo de conteúdo, faça uma análise dos elementos gráficos multimídia apresentados no estudo de caso deste capítulo.

Chaosamran_Studio/Shutterstock

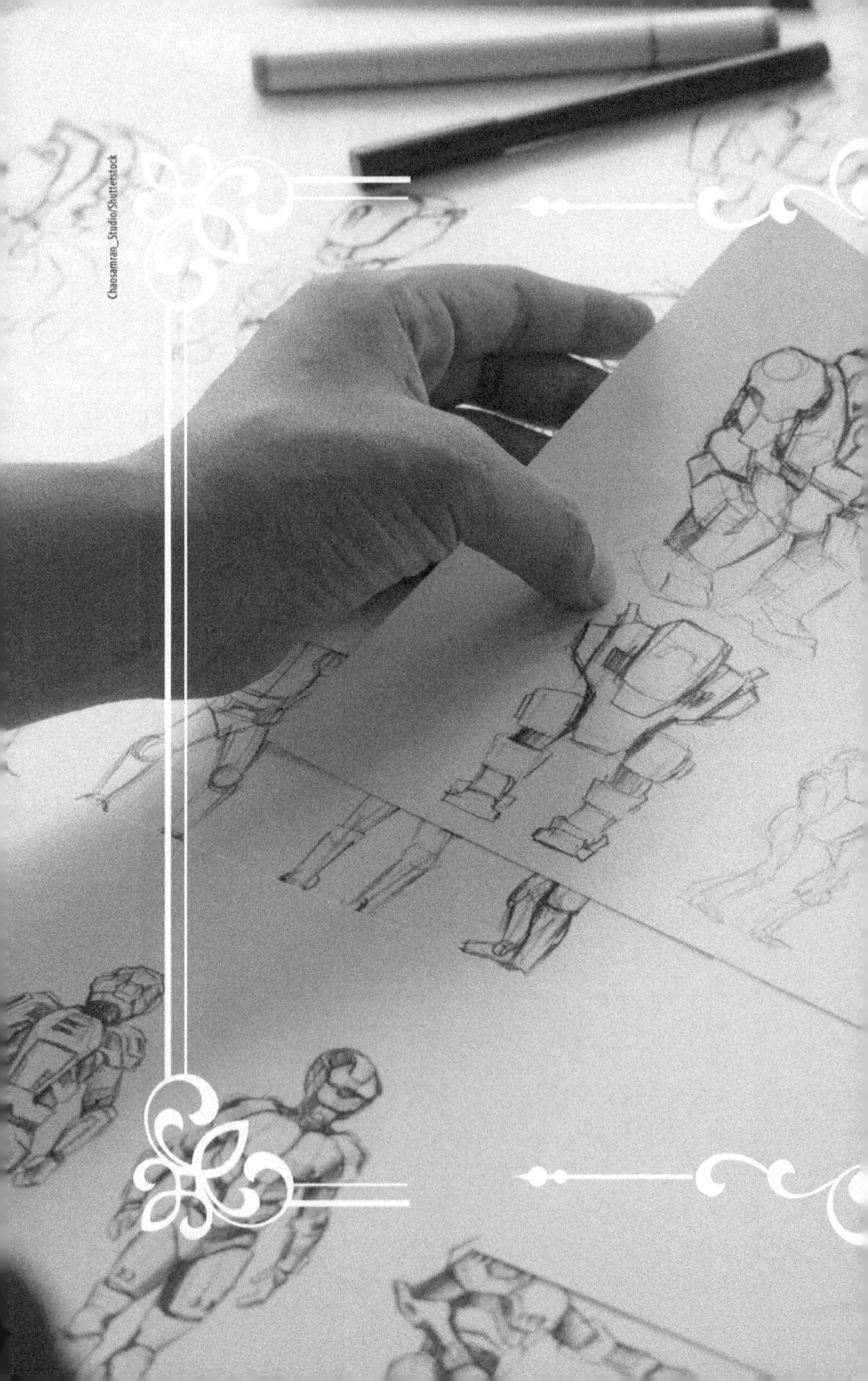

# CAPÍTULO 6

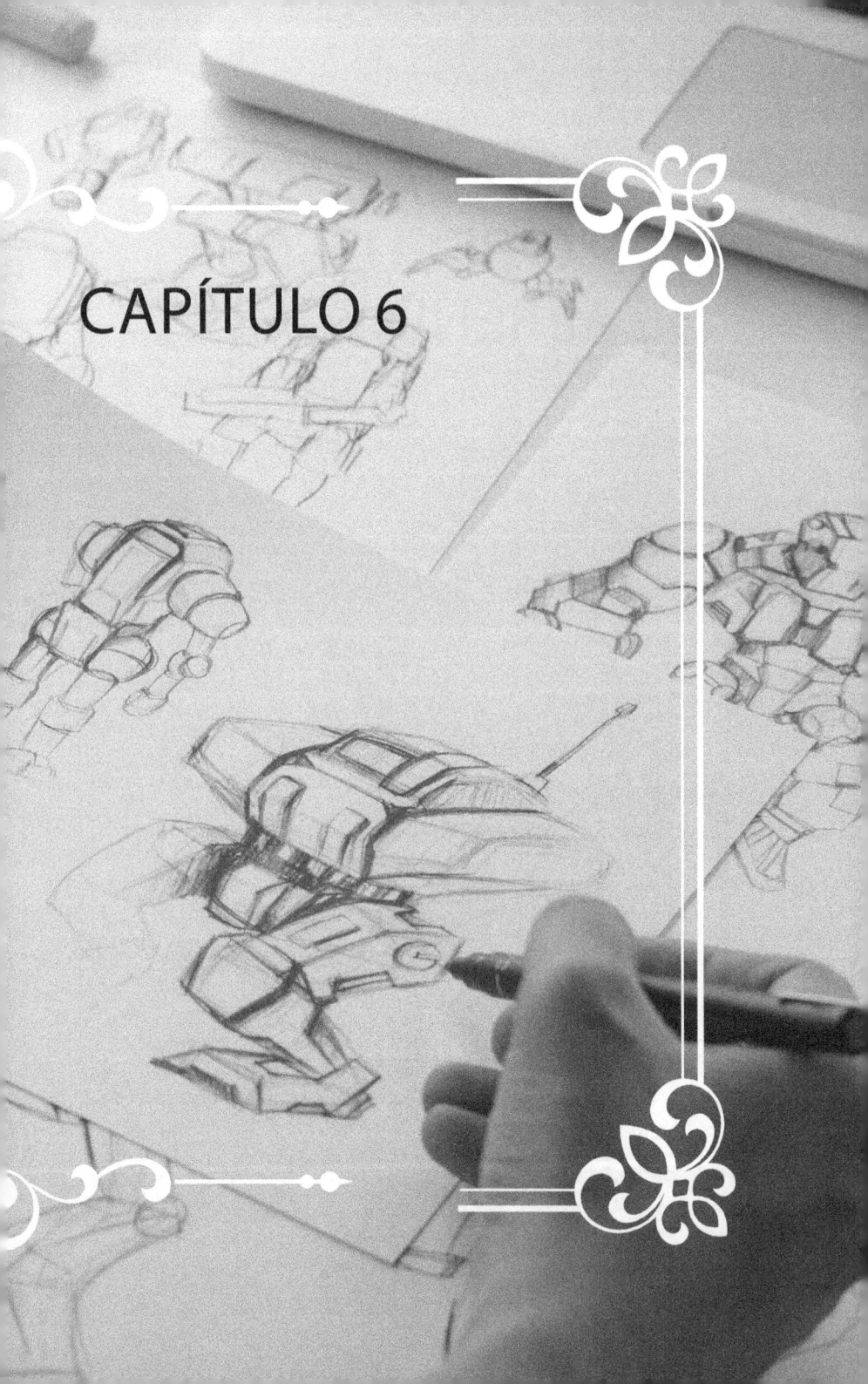

# A ANIMAÇÃO COMO RECURSO DE APRENDIZAGEM

CONTEÚDOS DO CAPÍTULO:
- Relações entre o processo de design de animação e a aprendizagem.
- Como elaborar e aplicar objetos de aprendizagem em educação.

APÓS O ESTUDO DESTE CAPÍTULO, VOCÊ SERÁ CAPAZ DE:
1. compreender os princípios e processos cognitivos da animação como recurso de aprendizagem;
2. aplicar os princípios fundamentais da animação;
3. estabelecer o uso de recursos de animação em educação;
4. entender o processo de design de animação no contexto do design instrucional.

O uso de animações como objetos de aprendizagem no contexto do ensino a distância (EaD) tem se tornado cada dia mais evidente. Em razão disso, temos de compreender que, quando a animação possui fins educacionais, ela deve ser produzida com o objetivo de ensinar algo, superando sua função como entretenimento. Isso significa que o conteúdo abordado deve ser compreendido pelo aluno, o que pode ser realizado por meio do conhecimento dos fatores cognitivos e psicológicos que envolvem o processo de aprendizagem. Tais fatores podem ser inseridos conscientemente nos projetos de animação educacional, com o objetivo de que esta atue como facilitadora e capacitadora da aprendizagem.

Diante do exposto, neste capítulo, traçaremos um paralelo entre animação e aprendizagem, apresentando os princípios e os processos cognitivos que norteiam a concepção da animação educacional. Pensando na sua aplicação prática, dedicaremos uma seção aos princípios fundamentais da animação, os quais são referência para o designer de animação, categorizando-os conforme as principais propriedades aplicadas em animação. Discutiremos, também, as principais vantagens de se aplicar animações em educação e finalizaremos apresentando um processo para o design de animação educacional considerando suas propriedades como objeto de aprendizagem (OA).

## 6.1 Animação e aprendizagem

Antes de iniciarmos nossa discussão a respeito do uso da animação como recurso de aprendizagem em soluções educacionais, precisamos entender que a animação gráfica é uma arte na qual as formas ou seus elementos sofrem alterações ao longo do tempo de modo sequencial e contínuo, criando a ilusão ótica de que tais elementos ou formas possuem movimento. Isso estimula nossa percepção e nossos sentidos por meio das ações executadas em determinada cena ou animação como um todo. A esse respeito, Walt Disney (citado por Johnston; Thomas, 1981, p. 13, tradução nossa) afirma que "a animação pode explicar qualquer coisa que a mente humana pode conceber", ou seja, podemos representar conceitos abstratos e facilitar sua compreensão por meio da animação, conferindo-lhe uma função pedagógica.

As animações podem ser empregadas de diversas formas e ser projetadas e produzidas tendo como fundamentação determinado conteúdo com certa função pedagógica para serem utilizadas como objetos de aprendizagem.

Para isso, sua produção deve ser norteada pelas teorias que fundamentam a prática educacional e que estejam sendo adotadas no contexto do design instrucional (DI) em que se está trabalhando, assim como respeitar os critérios de conteúdo e o design dos objetos de aprendizagem, a saber: ser reutilizável e recuperável; ter qualidade no conteúdo; respeitar os parâmetros de usabilidade e interatividade; ser adaptável a contextos distintos, além de mediar e facilitar a construção de conhecimento. Nesse sentido, Alves (2017, p. 53, grifo do original) afirma que,

> a animação enquanto representação instrucional ou para o entretenimento, [possui] mais elementos a serem apresentados e configurados (elementos sonoros, visuais, o movimento e o tempo) [sendo] **facilitadora** da aprendizagem por diminuir a carga cognitiva empregada para seu entendimento através da menor demanda de inferência por parte do espectador.

Isto é, quando assistimos a um filme de animação, a representação de determinado conteúdo ou conceito é imediatamente interpretada, sem que seja necessário abstrair e imaginar como o processo ocorre, o que facilita sua aprendizagem.

Nessa ótica, Mayer (citado por Lowe; Schnotz, 2008) apresenta dez princípios a serem aplicados para superar os desafios de aprendizagem por meio da animação, separando-os em três categorias distintas, conforme sintetizamos no Quadro 6.1.

Quadro 6.1 – **Princípios aplicados à aprendizagem com animação**

| Reduzindo o processamento estranho | |
|---|---|
| Princípio da coerência | Melhor aplicar uma narração concisa em uma animação do que intercalar vídeos curtos, sons de fundo, música instrumental, entre outros elementos adicionais, reduzindo, dessa forma, a sobrecarga de elementos estranhos ao processo cognitivo. |
| Princípio da sinalização | Fornecer pistas sobre o que fazer e como o indivíduo deve se organizar por meio de sinais que podem ser obtidos por alterações na entonação verbal da narração, enfatizando pontos-chave do texto narrado. |
| Princípio da redundância | Para evitar a sobrecarga cognitiva, evitar apresentar sequências idênticas de palavras impressas na tela e faladas simultaneamente com a animação. A aprendizagem é mais significativa quando há animação e narração, em vez de animação, narração e texto *onscreen*. |
| Princípio da vizinhança espacial | Coloque palavras impressas na tela próximas a partes correspondentes da animação, evitando a varredura visual desnecessária. |
| Princípio da vizinhança temporal | Apresente narração e animação correspondentes ao mesmo tempo, minimizando a necessidade de manter suas representações na memória de trabalho. |

*(continua)*

*(Quadro 6.1 – conclusão)*

| Gerenciando o processamento essencial | |
|---|---|
| Princípio da segmentação | A aprendizagem é mais significativa quando uma animação narrada é apresentada em segmentos no ritmo do indivíduo, evitando unidades contínuas. |
| Princípio do pré-treino | Conceitos, termos e características de um conteúdo devem ser apresentados ao indivíduo em um momento anterior ao da animação. |
| Princípio da modalidade | Sujeitos com pouca experiência entendem melhor o material ao se usar narração em vez de texto *onscreen*, pois o texto pode produzir uma sobrecarga cognitiva quando acompanhado por outros elementos visuais. |
| **Promovendo o processamento generativo** | |
| Princípio da personalização | Deve-se empregar um estilo conversacional e informal nos textos narrados na animação. |
| Princípio da voz | A voz utilizada para a narração deve possuir entonação padrão, próxima de uma conversação social e de acordo com o idioma do indivíduo, a fim de promover a identificação. |

Fonte: Elaborado com base em Lowe; Schnotz, 2008.

Sob essa perspectiva, precisamos pensar em quais características do sistema de processamento de informação humana são mais relevantes, para criar animações cuja função seja facilitar o processo de aprendizagem, compreendendo como o aluno aprende. Isso porque a animação pode facilmente sobrecarregar o sistema de processamento cognitivo do indivíduo. Para tanto, Lowe e Schnotz (2008) ressaltam os três elementos fundamentais da teoria cognitiva da aprendizagem multimídia:

I. **Canais duplos:** Possuímos dois canais para processar a informação – um visual/pictórico, para processar imagens, e um auditivo/verbal, para processar palavras.

II. **Capacidade limitada:** Cada canal tem uma capacidade limitada de processar as informações.

III. **Processamento generativo:** A compreensão profunda ocorre quando os alunos se engajam no processamento cognitivo apropriado, selecionando e organizando as informações relevantes, bem como integrando-as ao conhecimento prévio e a outras representações.

Com tais elementos em mente, podemos dizer que, ao visualizar uma animação, as imagens são capturadas pelo canal visual/pictórico, enquanto áudios (narração, trilha sonora, efeitos sonoros etc.) são capturados pelo canal auditivo/verbal. O resultado é uma breve imagem sensorial na memória sensorial, composta de imagens sonoras para palavras narradas e de imagens visuais para a animação em si ou o texto impresso na tela.

O primeiro processo cognitivo que ocorre diz respeito à seleção de um material relevante para que seja processado posteriormente. Se o indivíduo foca sua atenção em algumas das imagens na memória sensorial, estas são então transferidas para a memória de trabalho, a fim de que sejam processadas em um momento oportuno. Algumas imagens, como o texto impresso na tela, podem ser convertidas em sons na memória de trabalho. O mesmo pode ser feito com alguns sons que são convertidos em imagens.

Em um segundo momento no processo cognitivo, o material selecionado é organizado em representações coerentes. Ou seja, o indivíduo organiza mentalmente as palavras de acordo com um modelo verbal e as imagens em um modelo pictórico.

Por fim, no terceiro processo, tem-se a integração dos modelos verbal e pictórico entre si e com o conhecimento anterior. Caso o sujeito não selecione adequadamente as palavras e imagens de forma apropriada, a aprendizagem não ocorrerá. Porém, se tal seleção for realizada corretamente, mas não houver um envolvimento efetivo de sua parte, o resultado será a memorização.

Diante do exposto, para que haja uma aprendizagem significativa, os indivíduos devem se engajar adequadamente na seleção, organização e integração das informações capturadas pelos canais sensoriais, como já abordamos no Capítulo 5, quando tratamos da teoria cognitiva da aprendizagem multimídia.

Em síntese, a capacidade cognitiva de um indivíduo quando se encontra em uma situação de aprendizagem deve ser distribuída entre três demandas concorrentes entre si: processamento estranho, relacionado a elementos estranhos e não referentes ao objetivo instrucional; processamento essencial, o qual envolve a representação mental do material relevante; e o processamento generativo, destinado à compreensão desse material, organizando-o e integrando-o aos conhecimentos anteriores.

## 6.2 Princípios básicos da animação

Para elaborar um projeto que envolva as técnicas de animação, devemos conhecer os princípios fundamentais da animação, pois não basta apenas movimentar os personagens de modo contínuo. Por meio dos movimentos aplicados, eles devem realçar sua personalidade e suas características estéticas, o que demanda conhecimento técnico, tempo e dedicação. Walt Disney (citado por Johnston; Thomas, 1981) afirmava que, para trabalhar em um novo projeto, investigava profundamente tudo que permeava sua ideia principal, a fim de que sua comunicação fosse empática e efetiva, além de causar um impacto dramático.

Assim, surgiu nos estúdios Disney uma sistematização com 12 princípios da animação, por meio dos quais se busca realçar as ações físicas e as características emocionais dos personagens. Tais princípios fundamentais estão publicados no livro *The Illusion of Life: Disney Animation*, de 1981 (em tradução livre, *A ilusão da vida: Animação Disney*), no qual os autores Ollie Johnston e Frank Thomas discorrem acerca dos princípios e de suas aplicações nos estúdios Disney, além de os apresentarem em detalhes.

Podemos categorizar esses princípios conforme sua função da seguinte maneira: (i) relativos à criação de personagem; (ii) referentes à movimentação; (iii) relacionados à linguagem da animação; e (iv) vinculados aos tipos de animação (Alves, 2017), como veremos a seguir.

I. **Criação de personagem**

- **Apelo** (*appeal*): O personagem deve cativar a atenção da audiência, não importando qual é seu papel/arquétipo na narrativa (se herói, vilão, monstro etc.). Ou seja, ele deve possuir uma personalidade de acordo com a narrativa, inserindo-se no contexto da história e gerando empatia. Seu design deve ser interessante e dinâmico, o que pode ser conseguido ao se "brincar" com suas proporções, ampliando e valorizando detalhes que ressaltem suas características físicas e psicológicas. Em animações educacionais, devemos ter cuidado redobrado quanto à criação de estereótipos, como de pele ou de gênero, por exemplo, pois podem acabar influenciando negativamente a percepção de mundo dos alunos.

II. **Movimentação**

- *Follow through* e *overlapping action* (continuidade e sobreposição de ações): Toda ação de um personagem gera uma reação. Isso faz com que a movimentação se torne mais fluída e realista. Em razão disso, temos a impressão de que o personagem ou objeto animado segue as leis da física. Dessa forma, esse princípio se fundamenta, principalmente, no fato de que partes de um personagem ou objeto continuarão a se movimentar alguns momentos após ele ter parado. Essa técnica é denominada *follow through*. Também, podemos sobrepor uma segunda ação antes mesmo de a primeira terminar. Essa estratégia faz com que não haja um "tempo morto" entre ações – é o que chamamos de *overlapping action*. Ambas as técnicas contribuem para manter o interesse da audiência, pois não há quebras visuais entre ações. Assim, transmite-se a sensação de que o personagem já planejou antecipadamente suas ações, ou seja, ele sabe o que vai fazer e não precisa parar antes de cada ação individual.
- *Secondary action* (ação secundária): Compõe-se de qualquer outra ação que não se configure como a ação principal em cena. Serve para reforçar ou complementar a ação principal, aumentando sua complexidade e despertando maior interesse em uma cena. Essa técnica é muito empregada na animação dos cenários (*backgrounds*) e de personagens secundários, para que não fiquem estáticos durante uma cena, aproximando-a da realidade e criando identificação na audiência. Além disso, podem ocorrer ações secundárias no próprio personagem – por exemplo, em suas expressões faciais. Imagine um personagem bocejando: durante esse ato, podemos determinar, por meio das ações

secundárias na face, se é um bocejo pequeno (pequenos movimentos secundários) ou grande e exagerado (com o acréscimo de movimentos secundários nos braços, na face, além de ruídos etc.).
- *Arcs* (movimento em arcos): Ao estabelecer uma trajetória mais natural e realista, essa técnica suaviza uma ação. Isso porque, em grande parte, as ações naturais seguem caminhos arqueados, e raramente os movimentos são secos ou retos e seguem trajetórias pendulares. Assim, o animador evita que o personagem execute *performances* mecânicas e robóticas, a menos que a animação exija tal movimento, como em dispositivos mecânicos que apresentem um movimento mais linear.
- *Timing* (temporização): Refere-se a como controlamos o tempo das ações e da animação em si. É determinado pelo número de quadros utilizados em um movimento. Logo, ao variarmos esse número, alteramos sua velocidade e, consequentemente, sua percepção, o que pode gerar sensações psicológicas como letargia, relaxamento, nervosismo etc. Também, podemos inserir pausas entre ações para alterar o modo pelo qual transmitimos determinada mensagem, gerando momentos de reflexão, inspiração, suspense etc. Por regra básica, quanto mais quadros existirem em uma ação, mais lenta ela será, e quanto menos quadros, mas rápida ela se tornará. O *timing* ainda pode ser utilizado para modificar a percepção de tamanhos e pesos de objetos. Por exemplo, uma bola pequena deverá se mover mais rápido do que uma bola maior, a fim de passar a sensação de leveza e agilidade do objeto menor em relação ao maior. Dessa forma, é possível recorrer ao *timing* como recurso narrativo, enriquecendo a leitura de um personagem ou de uma cena.

- *Slow in* e *slow out* (aceleração e desaceleração): Esse princípio está relacionado ao princípio físico da dinâmica, ou seja, qualquer objeto precisa de um certo tempo para iniciar um movimento e de outro tempo para parar. Em outras palavras, ele não começa o movimento de imediato nem para repentinamente. O movimento se inicia e finaliza de forma gradual, acelerando e desacelerando. Geralmente, aplicamos esse princípio a personagens ou objetos que se movem entre duas poses extremas, criando a percepção de movimento mais próximo da realidade, ou, ainda, para enfatizar determinada cena ou ação.

III. **Linguagem da animação**

- *Staging* (enquadramento): Por meio dessa técnica, o animador chama a atenção do espectador para o foco da ação na cena, evitando detalhes desnecessários ou elementos estranhos que contribuam para um desvio de atenção. Deve-se fazer com que a ideia apresentada seja claramente entendida pela audiência, como uma personalidade reconhecível, uma expressão que possa ser vista, um estado de humor que afete a percepção das pessoas etc. O animador deve estar atento ao argumento/roteiro/*storyboard* da história, verificando, por exemplo, se um cenário sofre transformações ao longo da narrativa, implicando alterações na encenação ou na transição de câmera e planos, sempre pensando no foco principal da cena. Também, o uso eficaz de *close-ups*, planos médios e ângulos de câmera contribui com a narrativa da história, pois cada quadro do filme adquire sua relevância no todo, sem causar estranheza e confusão, geralmente causada pelo excesso de ações simultâneas ou secundárias – a menos que este seja o propósito da cena: passar a sensação de confusão ou tumulto.

- *Exaggeration* (exagero): Nessa técnica, o animador inclui movimentos bruscos, exagerados, expressões faciais acentuadas, entre outros recursos para amplificar de forma irreal as emoções e reações de um personagem, aumentando o impacto no espectador. A regra básica dessa técnica é simples: quanto mais rápidos forem os movimentos do personagem, maior deverá ser o nível de exagero aplicado em sua expressão, para que, dessa forma, a audiência possa perceber facilmente o que está acontecendo. Isso acaba gerando uma caricatura da ação e dos movimentos, enfatizando-os ou imprimindo certa comicidade à cena.

- *Anticipation* (antecipação): Um personagem, sempre antes de se mover em uma direção, executa um movimento no sentido oposto. Essa técnica determina que deve haver uma preparação para um ato que acontecerá. Assim, adiciona-se maior carga dramática, clarificando os objetivos da ação e melhorando a compreensão da cena por parte da audiência.

- *Squash* e *stretch* (comprimir e esticar): Todo objeto/personagem animado apresenta uma deformação para passar a sensação de peso e flexibilidade. Isso também ocorre na vida real, mas, para podermos perceber essas transformações, temos de analisar a ação real por meio de câmera lenta. Por outro lado, na animação, esse efeito pode ser amplificado, exagerando-o de forma que a audiência seja capaz de percebê-lo facilmente.

- *Solid drawing* (desenho sólido): O animador deve levar em conta as formas de personagens e de objetos no espaço tridimensional, conferindo-lhes peso, volume e equilíbrio. Também precisa respeitar os conceitos básicos de anatomia, composição, luz e sombra, entre outros que podem ser aplicados às representações visuais.

IV. Tipos de animação

- *Straight ahead* (animação direta): O animador desenha a cena quadro a quadro do início ao fim, ou seja, cria a animação-base, desenhando o personagem em uma pose em um quadro; em seguida, avança um ou mais quadros e desenha a nova pose do personagem, continuando o processo na sequência cronológica dos eventos. Essa técnica pode ser utilizada para a animação de ações mecânicas ou físicas, quando acontecem de forma mais extrema.
- *Pose to pose* (pose a pose): O animador desenha inicialmente os *keyframes* (quadros-chave), que são as poses principais e, na sequência, completa os demais de acordo com a *performance* do personagem. Assim, o animador consegue obter um maior controle do tempo e simplificar o processo de animação.

Os princípios elencados fazem parte de praticamente todas as animações que vemos atualmente. Eles facilitam a representação da natureza e a compreensão de fenômenos complexos, principalmente quando os aplicamos em animações educacionais, assunto de que trataremos a seguir.

6.3 **Aplicação da animação na educação**

É consenso que a animação dá vida ao aprendizado e pode ser aplicada a quase todos os assuntos e conteúdos. Ela permite aos educadores que expliquem diversos conceitos por meio de representações visuais e de caráter lúdico e experiencial, já que pode promover a interatividade entre o aluno e a atividade educacional em si. Nesse sentido, a aprendizagem interativa promove o envolvimento do estudante e pode incorporar diversos estilos e abordagens de aprendizagem mediante o uso da animação tanto como recurso para elucidar determinado conteúdo quanto para sua aplicação em processos avaliativos.

Ainda, outro fator positivo diz respeito ao fato de que a animação combina entretenimento e aprendizado, indo de encontro às experiências cotidianas dos nativos digitais, que passam a maior parte do tempo assistindo a vídeos curtos em redes sociais. Assim, os alunos terão muito mais chances de se envolverem mais facilmente com o tema abordado em uma situação educacional, pois, provavelmente, preferirão assistir a um pequeno vídeo informativo em vez de acompanharem uma palestra de maior duração.

O uso de animações contribui para melhorar as habilidades dos educandos, além de aumentar o nível de conhecimento. Isso ocorre com o uso de representações visuais relativas a conceitos abstratos ou a fenômenos impossíveis de se visualizar a olho nu. Dessa forma, tais elementos são visualizados com mais clareza. Por exemplo, uma animação sobre o funcionamento de uma estrutura celular em uma aula de Biologia, além de demonstrar processos a nível microscópico, causa um impacto visual. E como os vídeos animados geralmente são curtos, porque apresentam somente o conteúdo relevante, acabam sendo mais significativos para a aprendizagem do que outros recursos de longa duração, como documentários.

Por meio do uso de tecnologias emergentes, como a realidade virtual (RV) e a inteligência artificial (IA) incorporadas em animações, tem-se uma flexibilização no aprendizado de conceitos complexos. Esse cenário se justifica porque tais tecnologias permitem a demonstração de experimentos reais, por vezes perigosos, com total precisão dos resultados. Dessa forma, elas possibilitam aos alunos uma experiência que eles só poderiam obter na vida real. A experiência virtual proporciona aos estudantes que vislumbrem conceitos inimagináveis por meio do emprego de cores, formas, imagens, entre outros que estimulam sua imaginação criativa, ao transportá-los para um cenário fora do contexto real em que se encontram.

A Figura 6.1, a seguir, sintetiza as principais vantagens de se utilizar a animação no contexto educacional.

Figura 6.1 – **Vantagens do uso da animação em educação**

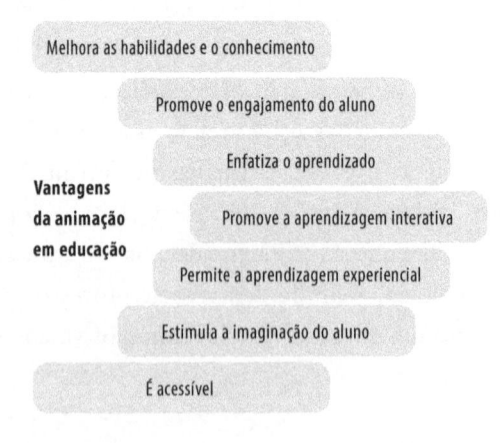

**Vantagens da animação em educação**
- Melhora as habilidades e o conhecimento
- Promove o engajamento do aluno
- Enfatiza o aprendizado
- Promove a aprendizagem interativa
- Permite a aprendizagem experiencial
- Estimula a imaginação do aluno
- É acessível

Antes de iniciar a produção de uma animação para aplicação instrucional, o designer deve refletir sobre sua necessidade quanto à função pedagógica no contexto educacional do projeto da solução instrucional. Essa função pode estar relacionada a três situações de aprendizagem:

- **Como apoio à visualização e ao processo de representação mental:** A partir de uma perspectiva pedagógica, a animação não se opõe aos gráficos estáticos, mas sim à observação de um fenômeno real. Isto é, ela assume uma função cognitiva, que pode ser habilitar ou facilitar a visualização de um fenômeno dinâmico, principalmente quando este não é perceptível em relação à escala de espaço e tempo, quando o fenômeno é impossível de ser realizado em uma situação normal de aprendizagem (considerando o perigo ou o alto custo envolvido para sua reprodução) ou, ainda, quando representa algum conceito abstrato.
- **Para produzir um conflito cognitivo:** A animação pode ser empregada para demonstrar e visualizar fenômenos que não foram concebidos corretamente, contrapondo o falso ao verdadeiro. Por exemplo, o fato de que dois objetos de mesmo volume mas pesos diferentes caem com a mesma velocidade. Nesse caso, animações que contrapõem o correto e o falso auxiliam o indivíduo a entender melhor os conceitos físicos envolvidos em tal fenômeno.
- **Para fazer com que os alunos explorem um fenômeno:** Isso pode ocorrer mediante a utilização dos conceitos e das aplicações da interatividade, desde a implementação de simples

controles de reprodução da animação até a geração de testes interativos, por meio dos quais os alunos podem manipular parâmetros em simulações animadas.

Também devemos ter em mente que as características expressivas, próprias das animações, resultam na necessidade de representar determinadas ações em sequências específicas. Isso pode ser positivo quando tais ações ou processos requerem tal procedimento, embora também possa gerar problemas de entendimento, como em processos que não apresentem linearidade ou sequencialidade.

## 6.4 Design de animação educacional

Para criar animações com propósitos educacionais, vamos integrar as técnicas e os processos próprios do design de animação aos conceitos e princípios da animação instrucional, conforme estudamos neste capítulo.

O processo de animação se subdivide em três momentos principais: pré-produção, produção e pós-produção. Tais momentos podem estar distribuídos em um *pipeline*, que consiste em um mapa de etapas do processo, como no exemplo da Figura 6.2, elaborado para uma animação 2D com foco no entretenimento.

Figura 6.2 – **Exemplo de *pipeline***

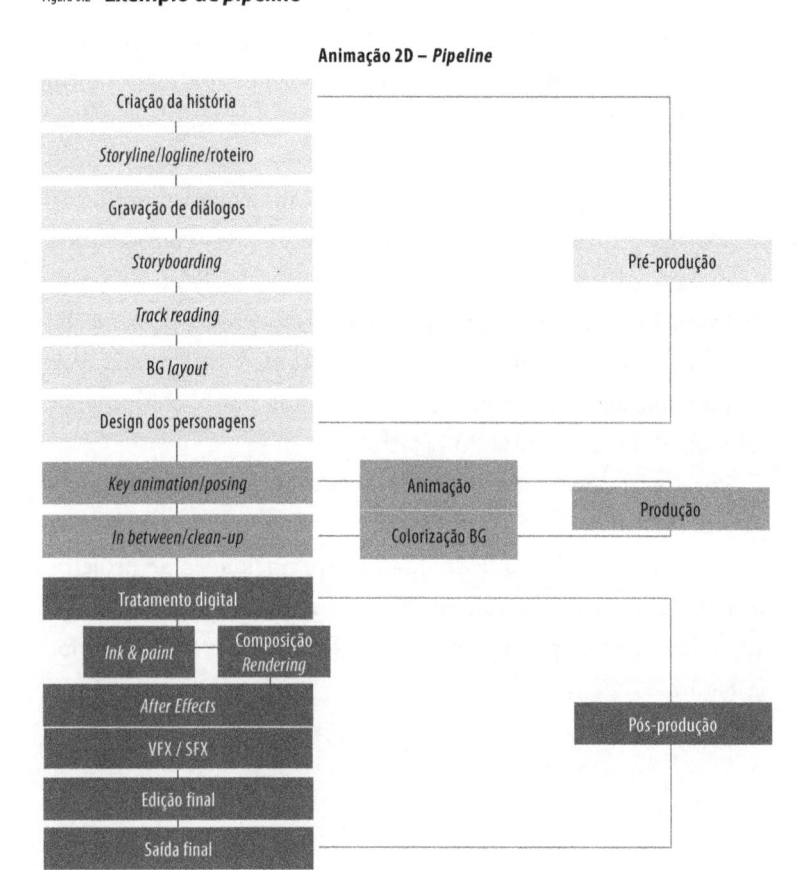

**Animação 2D – *Pipeline***

- Criação da história
- *Storyline/logline*/roteiro
- Gravação de diálogos
- *Storyboarding*
- *Track reading*
- BG *layout*
- Design dos personagens

→ Pré-produção

- *Key animation/posing*
- *In between/clean-up*

→ Animação / Colorização BG → Produção

- Tratamento digital
- *Ink & paint* / Composição *Rendering*
- *After Effects*
- VFX / SFX
- Edição final
- Saída final

→ Pós-produção

Em se tratando de uma animação com fins educacionais, devido à complexidade envolvida no processo em relação à produção do conteúdo e aos diversos fatores que influenciam a aprendizagem, devemos considerar a formação de uma equipe multidisciplinar que conte com profissionais e *expertises* das áreas de educação, psicologia educacional, DI, tecnologia da informação, produção audiovisual, entre outros que se façam necessários considerando o contexto educacional abordado. Nesse sentido, Filatro e Cairo (2015, p. 177) ressaltam que tais equipes de desenvolvimento devem ser formadas "por especialistas em conteúdo, em educação, em comunicação, em tecnologia e [...] em gestão", conforme as necessidades e a natureza do projeto.

Por conta dessa complexidade e da multiplicidade de atores que fazem parte desse processo, torna-se necessário estabelecer um fluxo de trabalho que atenda às especificidades de projetos dessa natureza, com o intuito de definir os papéis dos profissionais envolvidos e as etapas a serem cumpridas, como exemplificamos na Figura 6.3.

Figura 6.3 – **Fluxo de trabalho**

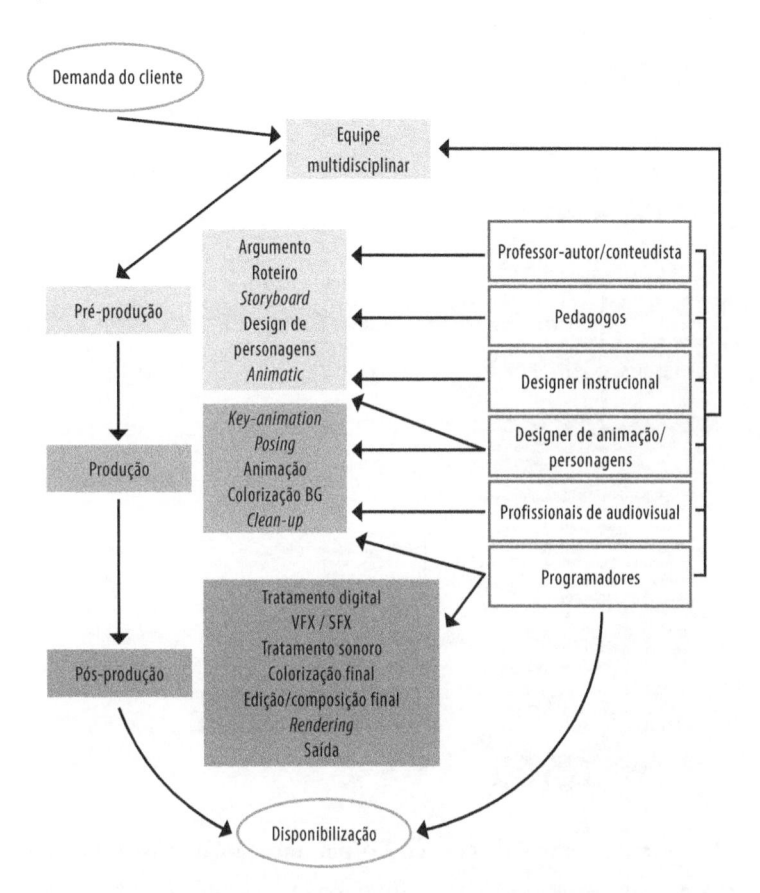

```
Demanda do cliente ──┐
                     ▼
                  Equipe  ◄────────────────────────────┐
               multidisciplinar                         │
        ┌────────┼─────────────────────────────────────┤
        ▼        ▼                                     │
                Argumento     ◄──── Professor-autor/conteudista
                Roteiro
   Pré-produção  Storyboard   ◄──── Pedagogos
                Design de
                personagens
                Animatic      ◄──── Designer instrucional

                Key-animation
                Posing         ◄─── Designer de animação/
   Produção     Animação            personagens
                Colorização BG
                Clean-up       ◄─── Profissionais de audiovisual

                                    Programadores
                Tratamento digital
                VFX / SFX
                Tratamento sonoro
   Pós-produção Colorização final
                Edição/composição final
                Rendering
                Saída

         └───► Disponibilização ◄────┘
```

Para que a animação funcione como um OA, temos de considerar as quatro grandes etapas para o desenvolvimento de OAs, as quais se resumem em: concepção, planificação, implementação e avaliação. Elas podem ser incorporadas ao processo de design de animação educacional. A esse respeito, observe o que propomos na Figura 6.4.

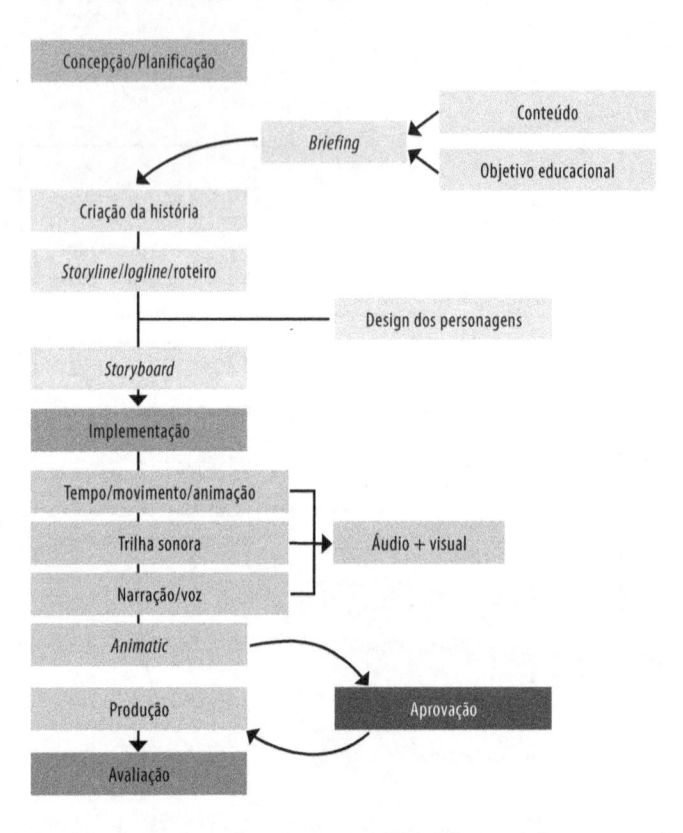

Figura 6.4 – **Processo de design de animação instrucional/educacional**

```
Concepção/Planificação
            ↓
                              ← Conteúdo
         Briefing  ←
                              ← Objetivo educacional
            ↓
     Criação da história
            |
   Storyline/logline/roteiro
            |─────────────── Design dos personagens
            ↓
        Storyboard
            ↓
      Implementação
            ↓
  Tempo/movimento/animação ┐
            |               ├→ Áudio + visual
       Trilha sonora        |
            |               |
       Narração/voz ────────┘
            ↓
         Animatic ─────┐
            ↓          ↓
        Produção ←── Aprovação
            ↓
        Avaliação
```

Na primeira etapa, da **concepção/planificação**, deve-se estabelecer os pressupostos teóricos que fundamentam o objeto – em nosso caso, a animação. Também são definidos o público-alvo e o tipo de animação (2D, 3D, *stop motion*), assim como os conteúdos a serem abordados são delimitados. Aqui o objetivo educacional é apresentado pelo professor-autor ou conteudista em uma reunião de *briefing* com designers, professores, programadores e demais envolvidos na concepção do projeto de animação. Vale ressaltar que os conteúdos, de acordo com suas características, podem ser classificados como procedimentos, fatos, conceitos, processos e princípios, assunto já tratado no Capítulo 5. Além disso, é preciso apontar quais são os objetivos de construção da animação, os quais podem ser norteados pelos seguintes verbos: *capacitar*, *facilitar*, *interagir*, *representar*, *motivar* etc. Isso porque toda a concepção visual da animação estará direta ou indiretamente relacionada a tais objetivos e às características próprias de cada conteúdo abordado.

Com essas definições em mente, podemos passar para a criação da história por meio de um *storyline* ou *logline* que dará origem ao roteiro da animação.

---

**IMPORTANTE**

***Storyline***: resumo da história que transmite a ideia central do roteiro, escrito entre 4 e 5 linhas.

***Logline***: resumo da história mais sintético do que o *storyline*, em torno de 1 ou 2 linhas.

***Storyboard***: visualização gráfica de como a sequência de ações e eventos acontecerá no decorrer da história.

---

O roteiro criado será a base para o desenvolvimento das próximas etapas da produção. Portanto, deve apresentar as informações de modo claro e objetivo, sem perder a qualidade de detalhes necessários para cada cena, apresentando sequências, diálogos, entre outros elementos técnicos da narrativa. Tendo como pressuposto a criação de uma animação educacional, podemos acrescentar elementos mais específicos, conforme sugere Alves (2017, p. 153, grifo nosso):

um elemento direcionado à "**Análise de situações dinâmicas e eventos**' que prevê uma análise das cenas tendo em vista o público e a informação, a história e o conteúdo principal a ser gerado e produzido" e outro direcionado ao "'**Estabelecimento de sequências e eventos principais**' gerando hierarquia, clareza, exatidão, correção visando o objetivo e o público da animação educacional".

A partir do *storyline* e do roteiro, a equipe de criação pode iniciar a produção do *storyboard*, que consiste em uma ferramenta essencial para que o diretor, em conjunto com o designer instrucional, possa avaliar o roteiro, validar sua proposta instrucional e aplicar os aprimoramentos e refinamentos necessários antes da fase de produção, evitando retrabalhos e custos desnecessários. No caso de uma animação educacional, o *storyboard* pode conter outros elementos mais específicos além dos utilizados para animações com fins de entretenimento. De acordo com Alves (2017, p. 153), tais elementos englobam "aspectos da composição visual e sintática da animação", os quais apresentamos no Quadro 6.2, a seguir.

Quadro 6.2 – **Aspectos da composição visual e sintática da animação**

| | |
|---|---|
| I | Arquitetura de sequência de apresentação. |
| II | Seleção de entidades gráficas, relações e propriedades. |
| III | Direcionamento de informação crítica. |
| IV | Artifícios de representação:<br>• movimento<br>• orientação do olhar (ação principal e secundária)<br>• micro e macroeventos (ação principal e secundária para auxiliar a mensagem principal)<br>• modelo mental dinâmico (movimento e tempo)<br>• lastro de movimento (sucessão de *frames*)<br>• causa e efeito<br>• ênfases (setas, boxes, contrastes, numeração etc.) |

*(continua)*

*(Quadro 6.2 – conclusão)*

| | Apresentação gráfica: |
|---|---|
| V | • estrutura temporal: ordem de leitura, eventos em seu estado real, tridimensionalidade, princípios da Gestalt etc. |
| | • composição sintática: posição, tamanho, valor, orientação, direcionamento do olhar, aplicação da cor, estímulos sonoros ou diretivas textuais. |

Fonte: Elaborado com base em Alves, 2017.

O design de personagens para a animação educacional segue os padrões e as técnicas adotados para sua criação, tais como os empregados em animações tradicionais de entretenimento. Vale ressaltar que podemos utilizar os princípios da animação propostos por Jonhston e Thomas (1981) para a Disney, conforme mencionamos neste capítulo, para criar apelos emocionais que despertem o interesse e a atenção do aluno, gerando empatia com os personagens, o que se configura como um elemento motivacional para a aprendizagem.

Com estes elementos estabelecidos – *storyline*, roteiro, personagens e *storyboard* –, passamos à fase de **implementação**, na qual ocorre a produção da animação.

Nessa etapa, determina-se o tempo e o movimento da animação com base no conteúdo abordado. Podemos considerar o seguinte princípio: a velocidade e o tempo em que ocorrem as ações de animação da história correspondem ao tempo real ou acelera um ou mais processos? Dessa forma, podemos animar personagens e objetos conforme estudamos nos princípios da animação, alterando seu *timing* e adequando-os à narrativa proposta. Para compreender melhor, imagine a animação de um processo industrial criada com o objetivo de demonstrar a produção de um automóvel, algo que, em média, leva cerca de 24 horas. Nesse caso, devemos acelerar o tempo e os movimentos na animação para reduzir drasticamente a representação da quantidade de horas gastas, sem que haja perda das informações fundamentais do processo, para que o aluno consiga ter a visão do todo em um curto espaço de tempo.

A trilha sonora, bem como a inserção da narração, deve seguir os princípios para aplicação multimídia, com especial atenção aos princípios da modalidade, da redundância, da coerência, da personalização e da voz, evitando sobrecarregar o sistema de processamento cognitivo do aluno e promover o processamento generativo, conforme vimos no início deste capítulo.

Aliando adequadamente as imagens em movimento, os textos, os elementos gráficos e o áudio, estaremos estimulando os canais auditivo e pictórico, criando imagens sensoriais visuais e sonoras que contribuem com o processo cognitivo.

Para finalizar a etapa de implementação, temos como resultado o *animatic* da animação, ou seja, uma versão animada e simplificada que apresenta os elementos da história, como ilustrações de *background*, planos e movimentos de câmera, composição das cenas, pré-colorização, trilha sonora, narrações, entre outros aspectos necessários que permitem a visualização da animação, mas ainda sem os refinamentos e as finalizações da produção final. Nesse momento, o responsável da equipe pela tomada de decisões quanto ao objeto educacional que está sendo criado pode aprovar ou sugerir alterações no conteúdo, na forma ou na estrutura da animação, tendo em mente os objetivos educacionais estipulados no *briefing* inicial.

Após a aprovação do *animatic*, os processos de produção e pós-produção seguem as técnicas e os procedimentos já tradicionais do design de animação conforme o tipo adotado (2D, 3D ou *stop motion*), respeitando suas especificidades e seus parâmetros técnicos.

A fase de **avaliação** "consiste em testar o funcionamento do objeto, seu grau de adequação ao público-alvo e o nível de cumprimento dos objetivos" (Behar et al., 2009, p. 76). Dessa forma, deve-se realizar uma avaliação do produto final antes de liberá-lo ao usuário final (alunos), verificando se está em consonância com os objetivos de aprendizagem propostos inicialmente na reunião de *briefing* e se atende aos princípios para a produção de multimídia educacional. Também é preciso propor instrumentos ou recursos avaliativos para que o usuário final – no caso, o aluno – possa avaliar a animação com base em requisitos estruturais e formais, a fim de checar se o objeto está cumprindo com sua função pedagógica e de obter dados fundamentais para o desenvolvimento de outras animações que se façam necessárias para o curso/o módulo/a disciplina proposta na solução instrucional.

Com essa fase, encerramos o processo de criação de um objeto educacional animado. No entanto, faz-se necessário ressaltar que sua avaliação deve ser contínua. Ou seja, é preciso verificar se ele se comporta em outros contextos de aprendizagem tendo em vista sua característica de reusabilidade.

O design de animações educacionais consiste em um processo complexo e dinâmico que envolve múltiplos atores com habilidades e competências técnicas específicas. Aqui, apresentamos apenas algumas sugestões, sem a pretensão de promover um maior aprofundamento, apenas para que você compreenda seus fundamentos básicos e possa utilizá-los como princípios norteadores em estudos mais abrangentes nessa área.

## SÍNTESE

A animação, além de cumprir com o seu tradicional papel de entretenimento, também pode funcionar como um objeto de aprendizagem (OA), desde que sejam respeitadas as diretrizes para a construção desses objetos ao se conceber e produzir uma animação educacional.

Por diminuírem a carga cognitiva empregada para que o indivíduo compreenda determinado conceito ou conteúdo, as animações educacionais são consideradas recursos facilitadores da aprendizagem. Por outro lado, uma animação também pode sobrecarregar o sistema de processamento cognitivo do indivíduo. Por conta disso, devemos estar atentos aos princípios que, ao serem aplicados ao design de animação, reduzem o processamento de elementos estranhos, auxiliam no gerenciamento do processamento essencial e promovem o processamento generativo. Dessa forma, procuramos explicar em que constituem os princípios fundamentais da animação para que, ao serem aplicados no design de animação, eles possam criar empatia e gerar um impacto positivo na aprendizagem do indivíduo.

A animação educacional contribui positiva e significativamente nos processos de ensino-aprendizagem, melhorando as habilidades e o conhecimento dos alunos, além de promover um maior engajamento deles e de enfatizar o aprendizado de conteúdos relevantes, permitindo que os estudantes interajam com os objetos educacionais e tenham uma experiência de aprendizagem significativa. Outra característica evidente da animação diz respeito a sua capacidade de estimular a imaginação e, consequentemente, os processos criativos.

Para produzirmos animações que funcionem como um OA, devemos incorporar as quatro etapas de produção de OAs ao processo de design de animação, lembrando que o desenvolvimento de um OA animado possui uma complexidade peculiar, pois envolve profissionais de diversas áreas, que devem trabalhar em cooperação para que o objeto cumpra com os objetivos de aprendizagem propostos e siga as diretrizes de reusabilidade, adaptabilidade, granularidade, acessibilidade, durabilidade, entre outros.

Além disso, devemos incorporar elementos específicos de análise e de composição visual e sintática em roteiros e *storyboards*, com o objetivo de que possamos validá-los, de fato, como instrumentos para a produção de animação educacional. Com base em tais elementos, o designer instrucional poderá avaliar se determinada(o) cena/personagem/conteúdo está em consonância com os objetivos de aprendizagem propostos para a animação já no processo de pré-produção. Essa verificação lhe permitirá sugerir alterações ou refinamentos, no caso de haver divergências quanto ao propósito instrucional previamente estabelecido.

É importante ressaltar que a animação educacional deve estar em constante processo avaliativo, tanto por parte do designer instrucional e da equipe multidisciplinar quanto pelo próprio usuário (aluno). Assim, será possível obter dados fundamentais para a sua reusabilidade ou para fundamentar novos projetos de animação que possam se fazer necessários no decorrer do curso/da disciplina/do módulo.

QUESTÕES PARA REVISÃO

1. A tecnologia multimídia pode fazer com que a aprendizagem seja facilitada e significativa, por meio da combinação de seus recursos, fundamentada na teoria cognitiva da aprendizagem multimídia. Dessa forma, é correto afirmar:

    I. Para reduzir a sobrecarga de elementos estranhos ao processo cognitivo, devemos aplicar o princípio da coerência a uma animação multimídia.
    II. Os recursos multimídia exploram os canais duplos, ou seja, de forma multissensorial.
    III. De acordo com a teoria cognitiva da aprendizagem multimídia, cada canal possui uma capacidade limitada para processar as informações.
    IV. Para promover o processamento generativo, aplicamos o princípio da modalidade.

    Estão corretas as afirmações:

    a. I, apenas.
    b. II, IV e I.
    c. III e IV.
    d. I, III e IV.
    e. I, II e III.

2. Em relação aos princípios fundamentais da animação propostos por Ollie Johnston e Frank Thomas (1981) para os estúdios Disney, indique se as seguintes considerações são verdadeiras (V) ou falsas (F).

( ) O apelo está relacionado à criação de personagem, pois recorre-se a ele para que o personagem cative a atenção da audiência, gerando empatia.
( ) O *follow through* consiste em criar uma ação secundária para reforçar ou complementar a ação principal.
( ) O movimento em arcos estabelece uma trajetória linear de personagens e objetos animados.
( ) O *staging* ou enquadramento está relacionado com a linguagem da animação e tem como objetivo chamar a atenção do espectador para o foco da ação na cena.
( ) Em relação aos tipos de animação, quando o animador aplica uma animação direta, ou *straight ahead*, ele desenha inicialmente os quadros-chave e, depois, completa os demais de acordo com a *performance* do personagem.

Agora, assinale a alternativa que corresponde à sequência correta:

a. F, V, F, V, F.
b. V, F, F, V, F.
c. V, V, F, F, F.
d. F, V, F, F, V.
e. F, V, V, F, F.

3. Ao se produzir uma animação educacional, esta deve possuir características e propriedades de um objeto de aprendizagem (OA). Em razão disso, incorporamos as etapas de desenvolvimento de OAs ao processo de design de animação educacional. A esse respeito, assinale a alternativa que apresenta essas etapas:

   a. Concepção; planificação; implementação; avaliação.
   b. Análise; planificação; desenvolvimento; prototipação.
   c. Concepção; ideação; prototipação; desenvolvimento.
   d. Imersão; ideação; prototipação; validação.
   e. Planejamento; execução; monitoramento; controle.

4. Sintetize a etapa de concepção/planificação aplicada a um projeto de animação educacional.

5. Cite as principais vantagens de se utilizar animação como recurso educacional.

QUESTÃO PARA REFLEXÃO

1. Com base na situação de aprendizagem relacionada ao apoio à visualização e ao processo de representação mental, proponha um *logline* para uma animação que habilite ou facilite a visualização de um fenômeno dinâmico.

# CONSIDERAÇÕES FINAIS

O mercado do design instrucional (DI) tem crescido exponencialmente nos últimos anos, criando uma demanda significativa por profissionais capacitados na área. Por isso, neste livro, procuramos fornecer a fundamentação necessária para que você, leitor, tenha os devidos conhecimentos para iniciar no DI e ir até mesmo além. Para tanto, procuramos apresentar, didaticamente, os caminhos que lhe permitirão se aprofundar nessa temática, pois se trata de uma disciplina dinâmica que evolui constantemente seguindo os passos das tecnologias emergentes e sua contribuição para a construção do conhecimento.

Assim, no Capítulo 1, tratamos dos fundamentos do DI, que se refere a um processo de design voltado ao desenvolvimento de soluções em diferentes níveis, sendo que o designer instrucional atua de forma abrangente na concepção de experiências de aprendizagem significativas. Também comentamos que o DI é, de certa forma, complexo, porque sua fundamentação se baseia nas ciências humanas, nas ciências da informação e nas ciências da administração, integrando diversos campos do conhecimento para apresentar soluções de aprendizagem mediadas pelas tecnologias emergentes. Além disso, também compreendemos quais são as principais competências para se atuar nesta área.

Ainda, consideramos pertinente abordar temas relacionados aos processos de ensino-aprendizagem, pois, como designer instrucional, você fará parte de equipes multidisciplinares nas quais terá contato direto com pedagogos, professores e demais profissionais da educação, além de propor soluções instrucionais consonantes com os objetivos educacionais. Em virtude disso, apresentamos o paradigma centrado no aluno e refletimos a respeito da evolução das formas de ensino. Também exploramos algumas das metodologias ativas de aprendizagem, as quais se utilizam de objetos de aprendizagem (OAs) e soluções instrucionais *on-line*.

Iniciamos o Capítulo 2 apresentando os modelos de DI e suas características principais. Indo um pouco além dos modelos tradicionais, tratamos do método *learning eXperience design* (LXD), o qual incorpora elementos do design de interação, de *user experience* (UX) e de design gráfico aliados à psicologia cognitiva, à neurociência e aos próprios fundamentos do DI. Vimos, ainda, que o método ARCS, uma abordagem que envolve o design motivacional, pode ser empregado em projetos instrucionais para salas de aula tradicionais, treinamento corporativo e desenvolvimento profissional, complementando outros modelos de DI.

Com tais referências e fundamentos em mente, no Capítulo 3, foi possível entender melhor o planejamento de unidades de aprendizagem (UAs). Dessa forma, apresentamos as ferramentas que compõem o processo de planejamento de uma solução instrucional, como a matriz de DI, que permite a visualização detalhada do planejamento de um curso, disciplina ou módulo de treinamento, e as trilhas de aprendizagem. Também consideramos relevante incluir os conceitos relativos ao domínio cognitivo e a seus verbos associados, para que você possa formular objetivos de aprendizagem adequados ao contexto educacional em que estiver trabalhando. Além disso, refletimos acerca dos processos de avaliação, entendendo suas principais funções nos âmbitos diagnóstico, formativo e avaliativo. Assim, estudamos as ferramentas de avaliação aplicadas especialmente em OAs, já que elas fazem parte das soluções instrucionais, cumprindo um importante papel.

Conforme explicamos, a fase avaliativa deve ser implementada de acordo com o modelo específico de DI, sendo diferenciada em modelos fixos, abertos e contextualizados.

No Capítulo 4, você aprendeu a elaborar o material didático para o ensino a distância (EaD) e compreendeu que o designer instrucional desempenha o papel de gerenciador e articulador de uma equipe multidisciplinar, levando em consideração as necessidades de autoaprendizagem e a autonomia do aluno. Nessa perspectiva, tratamos das ferramentas e estratégias necessárias para o planejamento e a produção do material, como roteiros e *storyboards* especificamente produzidos para esse fim, bem como os fluxos a serem seguidos na produção de diferentes materiais. O audiovisual é um dos elementos que, atualmente, exercem grande influência na aprendizagem do aluno. Por conta disso, buscamos abordar os principais conceitos e técnicas para a produção de vídeos, aliando som e imagem em movimento, atendendo aos princípios da teoria cognitiva da aprendizagem multimídia, a qual pressupõe a utilização de dois canais perceptuais para a recepção e o processamento das informações visuais e sonoras para a construção do conhecimento.

Para aprofundar as questões sobre a aprendizagem multimídia, abordamos, no Capítulo 5, as definições, as categorias e os elementos básicos que envolvem a autoria multimídia. Também vimos como a informação pode ser organizada em estruturas lineares, hierárquicas, em rede e na forma rizomática, assim como qual é o comportamento esperado do aluno ao se deparar com cada uma delas. Refletimos sobre o papel que a multimídia assume no DI e evidenciamos de que modo a teoria cognitiva está relacionada à aprendizagem por meio da multimídia. De modo prático, você pôde compreender as possíveis funções que um gráfico pode desempenhar conforme o tipo de conteúdo multimídia e conhecer seus princípios para aplicação no DI. Ainda neste capítulo, desafiamos você, leitor, a planejar um conteúdo de animação em multimídia, para uma atividade proposta no estudo de caso.

Por fim, no Capítulo 6, nossa proposta foi discutir a animação como recurso de aprendizagem, tendo em vista que seu uso como OA tem se tornado cada dia mais presente nas mais diversas soluções instrucionais. Assim, refletimos sobre as características da animação enquanto OA à luz da teoria cognitiva da aprendizagem multimídia, a qual retomamos para fundamentar o processo de design de animação educacional.

Como o design de animação possui técnicas específicas, procuramos apresentar, de maneira sintética, os princípios fundamentais da animação, categorizando-os segundo sua função no processo de criação e produção. Julgamos que tais princípios são de grande importância ao se produzir uma animação educacional, pois, se empregados corretamente, facilitam a representação da natureza e a compreensão de fenômenos complexos, além de criarem empatia e melhorarem o engajamento dos alunos em determinados conteúdo, já que aliam entretenimento e conhecimento.

Por fim, vimos que o processo de design de animação educacional tem uma complexidade específica, influenciada por diversos fatores que envolvem a aprendizagem. Portanto, devemos incluir elementos e rotinas específicos do planejamento dos objetos educacionais na produção, para que, dessa forma, possamos obter um produto final que funcione como um objeto educacional e atenda aos objetivos educacionais propostos, facilitando a aprendizagem do aluno.

Esperamos que, ao término da leitura desta obra, você tenha construído um conhecimento significativo que o inspire a se aprofundar mais nos temas que abordamos. Dessa forma, como designer instrucional, desejamos que tenhamos contribuído positivamente para o planejamento e a produção de contextos e materiais educacionais diferenciados e de sucesso.

# LISTA DE SIGLAS

| | |
|---|---|
| ABP | Aprendizagem baseada em projetos |
| CBO | Classificação Brasileira de Ocupações |
| Cloe | *Collaborative Learning Object Exchange* |
| CoP | Comunidade na prática |
| DI | Design instrucional |
| DIC | Design instrucional contextualizado |
| EaD | Ensino à distância |
| IA | Inteligência artificial |
| IoT | Internet das coisas |
| LMS | *Learning management systems* |
| LO | *Learning objects* |
| Loei | *Learning object evaluation instrument* |
| Lori | *Learning object rating instrument* |
| LXD | *Learning eXperience design* |
| NTDIC | Novas tecnologias digitais de informação e comunicação |
| OA | Objeto de aprendizagem |
| ONG | Organização não governamental |
| OVAs | Objetos virtuais de aprendizagem |
| PA | Plano americano |
| PC | Plano de conjunto |
| PD | Plano de detalhe |
| PG | Plano geral |
| PM | Plano médio |
| PP | Primeiro plano |
| PPP | Primeiríssimo primeiro plano |
| RV | Realidade virtual |
| UA | Unidade de aprendizagem |
| UX | *User experience* |

# GLOSSÁRIO

**Andragogia:** termo criado pelo pedagogo alemão Alexander Kapp (1799-1869), cujo foco de estudo concentra-se nas práticas educacionais voltadas à educação de adultos.

**Big data:** tratamento, análise e informações obtidas a partir de volumes crescentes de dados complexos.

**Coaching:** técnica de treinamento na qual o aluno é auxiliado por um treinador ou instrutor, denominado *coach*, para que alcance determinado objetivo pessoal ou profissional.

**Cobots:** robôs colaborativos que interagem diretamente com humanos em um ambiente de trabalho e que são capazes de realizar tarefas automatizadas.

**Comunidades de prática (CoP):** conceito cunhado por Etienne Wenger (1952-) para representar grupos de indivíduos que se formam espontaneamente, reúnem-se periodicamente e compartilham seus aprendizados e conhecimentos de forma natural.

**Cultura *maker*:** formada por indivíduos capazes de criar, fabricar, consertar e adaptar objetos e artefatos utilizando *softwares*, impressão 3D ou, ainda, manualmente, em um ambiente colaborativo.

***Hard skills*:** habilidades profissionais facilmente identificáveis e mensuráveis, obtidas por meio de cursos ou treinamentos, como graduação, cursos de idiomas, cursos técnicos, mestrado, doutorado etc. Também diz respeito a habilidades operacionais.

**International Board of Standards for Training, Performance and Instruction (IBSTPI):** organização sem fins lucrativos que define os padrões para treinamento, *performance* e instrução.

***Internet of things* (IoT) ou internet das coisas:** rede de interconexão de meios digitais entre objetos físicos do cotidiano por meio da internet, sem intervenção humana.

*Just in time*: termo originado na administração da produção, indica que cada etapa da cadeia de produção deve ocorrer com os subsídios necessários e em seu devido tempo e ordem, a fim de evitar a formação de estoques.

**Nativos digitais**: conceito cunhado por Marc Prensky (1946-), em 2001, e que descreve a geração que já nasceu e cresceu com acesso à internet e às tecnologias digitais.

*Pipeline*: mapa de etapas que compreendem determinado processo; trata-se de uma ferramenta utilizada no ciclo de vendas e na gestão de projetos, entre outras áreas.

*Scaffolding*: em educação, esse termo representa um conjunto de técnicas de instrução utilizadas de forma temporária para apoiar e dar suporte ao aluno durante o processo de aprendizado.

*Soft skills*: habilidades sociocomportamentais, como comunicação interpessoal, proatividade, resolução de conflitos, entre outras, as quais envolvem a experiência psicossocial do indivíduo.

# REFERÊNCIAS

ALVES, M. M. **Design de animações educacionais:** modelo para a concepção colaborativa de animações educacionais para o ensino fundamental. 404 f. Tese (Doutorado em Design) – Universidade Federal do Paraná, Curitiba, 2017. Disponível em: <https://acervodigital.ufpr.br/handle/1884/46362>. Acesso em: 24 out. 2022.

ANDRADE, L. G. da S. B. et al. A sala de aula invertida como alternativa inovadora para a educação básica. **Revista Eletrônica Sala de Aula em Foco**, v. 8, n. 2, p. 4-22, 2019. Disponível em: <https://ojs.ifes.edu.br/index.php/saladeaula/article/view/595/450>. Acesso em: 1º nov. 2022.

ARTICULATE. Disponível em: <https://articulate.com/>. Acesso em: 24 out. 2022.

BACICH, L.; TANZI NETO, A.; TREVISANI, F. M. (Org.). **Ensino híbrido:** personalização e tecnologia na educação. Porto Alegre: Penso, 2015. e-pub.

BAKER, J. W. The "Classroom Flip": Using Web Course Management Tools to become the Guide by the Side. In: CHAMBERS, J. A. (Ed.). **Selected Papers from the 11th International Conference on College Teaching and Learning.** Jacksonville: Florida Community College at Jacksonville, 2000. p. 9-17.

BALVEDI, F. Animação: a imagem em movimento. In: PARANÁ. Secretaria de Estado da Educação. Superintendência da Educação. Diretoria de Tecnologias Educacionais. **Ilustração digital e animação.** Curitiba: Seed, 2010. p. 22-51.

BEAUCHAMP, R. **Designing Sound for Animation.** United Kingdom: Elsevier, 2005.

BEHAR, P. A. et al. **Modelos pedagógicos em educação a distância**. São Paulo: Grupo A, 2009.

BERGMANN, J.; SAMS, A. **Flip your Classroom:** Reach Every Student in Every Class Every Day. Washington, DC: International Society for Technology in Education, 2012.

BERGMANN, J.; SAMS, A. **Sala de aula invertida:** uma metodologia ativa de aprendizagem. Tradução de Afonso Celso da Cunha Serra. Rio de Janeiro: LTC, 2018.

BLOOM, B. S.; KRATHWOHL, D. R.; MASIA, B. B. **Taxonomia de objetivos educacionais:** domínio afetivo. Tradução de Jurema Alcides Cunha. Porto Alegre: Globo; Ed. da Universidade Federal do Rio Grande do Sul, 1972. v. 2.

BRASIL. Ministério do Trabalho. **CBO – Classificação Brasileira de Ocupações**. Brasília, 2002. Disponível em: <http://www.mtecbo.gov.br/cbosite/pages/home.jsf>. Acesso em: 16 out. 2022.

BUSARELLO, R. I. **Gamification:** princípios e estratégias. São Paulo: Pimenta Cultural, 2016.

CAMPOS, D. M. S. **Psicologia da aprendizagem**. 27. ed. Petrópolis: Vozes, 1998.

CLARK, R. C.; MAYER, R. E. **E-learning and the Science of Instruction:** Proven Guidelines for Consumers and Designers of Multimedia Learning. 3. ed. San Francisco: Pfeiffer, 2011.

CLOE – The Collaborative Learning Object Exchange. University of Waterloo, Ontario. Disponível em: <https://laeremiddel.dk/wp-content/uploads/2012/07/The_Collaborative_Learning_Object_Exchange.pdf>. Acesso em: 24 out. 2022.

COMPARATO, D. **Da criação ao roteiro**. 5. ed. Rio de Janeiro: Rocco, 2000.

COOPER, A.; REIMANN, R.; CRONIN, D. **About Face 3**: the Essentials of Interaction Design. Indianapolis: Wiley Publishing, 2007.

CORBELLINI, M. **Melhoria das práticas operacionais I**. São Paulo: Universidade do Concessionário do Futuro – UCF/ISAE-FGV, [S.d.].

FILATRO, A. **Design instrucional na prática**. São Paulo: Pearson Education do Brasil, 2008.

FILATRO, A. et al. **DI 4.0**: inovação na educação corporativa. São Paulo: Saraiva, 2019.

FILATRO, A.; CAIRO, S. **Produção de conteúdos educacionais**. São Paulo: Saraiva, 2015.

FILATRO, A.; PICONEZ, S. C. B. Design instrucional contextualizado. In: CONGRESSO INTERNACIONAL DE EDUCAÇÃO A DISTÂNCIA, 11., 2004, Salvador. **Anais...** Disponível em: <http://www.abed.org.br/congresso2004/por/htm/049-tc-b2.htm>. Acesso em: 24 out. 2022.

FLIPPED CLASSROOM FIELD GUIDE. Disponível em: <https://www.weber.edu/WSUImages/tlf/TLF%202013/Flipped%20Classroom%20Field%20Guide.pdf>. Acesso em: 6 nov. 2022.

GOSCIOLA, V. **Roteiro para as novas mídias**: do game à TV interativa. São Paulo: Senac, 2003.

HORN, M. B.; STAKER, H. **Blended**: usando a inovação disruptiva para aprimorar a educação. Tradução de Maria Cristina Gularte Monteiro. Porto Alegre: Penso, 2015.

HOUAISS, A.; VILLAR, M. de S. **Dicionário Houaiss da língua portuguesa**. Rio de Janeiro: Objetiva, 2009.

HUNICKE, R.; LEBLANC, M.; ZUBEK, R. **MDA**: a Formal Approach to Game Design and Game Research. 2004. Disponível em: <https://www.researchgate.net/profile/Robin-Hunicke/publication/228884866_MDA_A_Formal_Approach_to_Game_Design_and_Game_Research/links/53fb98490cf22f21c2f338ae/MDA-A-Formal-Approach-to-Game-Design-and-Game-Research.pdf>. Acesso em: 24 out. 2022.

IBSTPI – International Board of Standards for Training, Performance, and Instruction. **Instructional Designer Competencies 2012**. Disponível em: <https://momentum.gevc.ca/wp-content/uploads/2014/12/Instructional-Design-Competencies-IBSTPI-2012.pdf>. Acesso em: 16 out. 2022.

JOHNSTON, O.; THOMAS, F. **The Illusion of Life**: Disney Animation. New York: Hyperion, 1981.

KAPP, K. M. **The Gamification of Learning and instruction**: Game-Based Methods and Strategies for Training and Education. San Francisco: Pfeiffer, 2012.

KELLER, J. M. Motivational Design of Instruction. In: REIGELUTH, C. M. (Ed.). **Instructional-Design Theories and Models**: an Overview of their Current Status. New York: Routledge, 1983. p. 383-434.

KENSKY, V. M.; BARBOSA, A. C. L. S. Gestão de pós-graduação a distância: curso de especialização em designer instrucional para educação on-line. In: CONGRESSO LUSOBRASILEIRO DE POLÍTICA E ADMINISTRAÇÃO DA EDUCAÇÃO, 2007, Porto Alegre. **Anais**... Porto Alegre: Anpae, 2007.

KIMIECK, J. L. **Consolidação de comunidades de prática:** um estudo de caso no ProInfo. 100 f. Dissertação (Mestrado em Tecnologia) – Universidade Tecnológica Federal do Paraná, Curitiba, 2002. Disponível em: <https://www.academia.edu/67749326/CONSOLIDA%C3%87%C3%83O_DE_COMUNIDADES_DE_PR%C3%81TICA_UM_ESTUDO_DE_CASO_NO_PROINFO>. Acesso em: 21 nov. 2022.

LAUFER, R.; SCAVETTA, D. **Texto, hipertexto, hipermídia.** Porto: Rés, 1997.

LÉVY, P. **Cibercultura.** Tradução de Carlos Irineu da Costa. São Paulo: Ed. 34, 1999.

LIBÂNEO, J. C. **Didática.** São Paulo: Cortez, 2006.

LIMA, A. A. de. **Manual de elaboração do material didático.** Natal: IFRN, 2010. Mimeografado.

LIMA, A. A. de; SANTOS, S. C. A. dos. **O material didático na EaD:** princípios e processos. Módulo IV. Disponível em: <https://ead.ifrn.edu.br/portal/wp-content/uploads/2017/07/Producao_de_Material_Didatico_Curso_de_Gestao_EaD.pdf>. Acesso em: 24 out. 2022.

LIU, Y.; NAKAJIMA, T.; ALEXANDROVA, T. Gamifying Intelligent Environments. PROCEEDINGS OF THE 2011 INTERNATIONAL ACM WORKSHOP ON UBIQUITOUS META USER INTERFACES, 11., 2011, Scottsdale. Disponível em: <https://www.researchgate.net/profile/Tatsuo-Nakajima-2/publication/239761145_Gamifying_intelligent_environments/links/0deec5314f74c6ccf7000000/Gamifying-intelligent-environments.pdf>. Acesso em: 24 out. 2022.

LOWE, R.; SCHNOTZ, W. (Ed.). **Learning with Animation:** Research Implications for Design. New York: Cambridge University Press, 2008.

MORAN, J. Educação híbrida: um conceito-chave para a educação, hoje. In: BACICH, L.; TANZI NETO, A.; TREVISANI, F. M. (Org.). **Ensino híbrido:** personalização e tecnologia na educação. Porto Alegre: Penso, 2015. p. 27-45. e-pub.

NEDER, M. L. C. Material didático e o processo de comunicação na EaD. In: POSSARI, L. H. V.; NEDER, M. L. C. **Material didático para a EaD:** processo de produção. Cuiabá: EdUFMT, 2009. p. 35-46.

NOGUEIRA, L. **Manuais de cinema III:** planificação e montagem. Lisboa: Livros LabCom, 2010.

NORTHRUP, P. T. **Learning Objects for Instruction:** Design and Evaluation. New York: Infosci, 2007.

OCUPAÇÕES. **CBO 2394-35**. Disponível em: <https://www.ocupacoes.com.br/cbo-mte/239435-designer-educacional>. Acesso em: 21 nov. 2022.

OLIVEIRA, T. E.; ARAUJO, I. S.; VEIT, E. A. Sala de aula invertida (flipped classroom): inovando as aulas de física. **Física na Escola**, v. 14, n. 2, p. 4-13, 2016. Disponível em: <http://www1.fisica.org.br/fne/phocadownload/Vol14-Num2/a02.pdf>. Acesso em: 24 out. 2022.

PAULA FILHO, W. de. **Multimídia:** conceitos e aplicações. São Paulo: LTC, 2000.

PETERS, D. **Interface Design for Learning:** Design Strategies for Learning Experiences. New York: New Riders/Pearson Education, 2014.

POSSARI, L. H. V.; NEDER, M. L. C. **Material didático para a EaD:** processo de produção. Cuiabá: EdUFMT, 2009.

REIGELUTH, C. M.; KARNOPP, J. R. **Reinventing Schools:** it's Time to Break the Mold. Maryland: Rowman & Littlefield, 2013.

REIGELUTH, C. M.; MYERS, R. D.; LEE, D. The Learner-Centered Paradigm of Education. In: REIGELUTH, C. M.; BEATTY, B. J.; MYERS, R. D. **Instructional-Design Theories and Models.** United Kingdom: Routledge, 2016. p. 5-32. v. IV. Disponível em: <https://www.researchgate.net/profile/Charles-Reigeluth/publication/306575155_The_learner-centered_paradigm_of_education_181/links/5846c7bf08ae61f75ddfda31/The-learner-centered-paradigm-of-education-181>. Acesso em: 16 out. 2022.

SANTAELLA, L. **Cultura e artes do pós-humano:** da cultura das mídias à cibercultura. São Paulo: Paulus, 2004.

SEEL, N. M. et al. **Instructional Design for Learning:** Theoretical Foundations. Rotterdam: Sense, 2017.

# RESPOSTAS

# CAPÍTULO 1

QUESTÕES PARA REVISÃO

1. *Game* se refere ao jogo em si, o qual é construído com base em regras e recursos e apresenta resultados quantificáveis. Por sua vez, *gamificação* se refere à aplicação de aspectos como mecânica, dinâmica e estética (ou seja, dos elementos dos jogos) em atividades que têm o objetivo de engajar as pessoas na busca da solução para um problema de forma lúdica.
2. Na aprendizagem baseada em projetos (ABP), é possível ter vários assuntos e problemas envolvidos, os quais geralmente provêm de um cenário da vida real para os quais se busca uma solução. Já na aprendizagem baseada em problemas, o foco é direcionado a um problema específico para um desafio proposto, sendo que os temas podem ser originados tendo cenários hipotéticos como pressuposto.
3. d
4. b
5. d

QUESTÃO PARA REFLEXÃO

1. A resposta deve indicar as principais transformações que ocorreram nos processos educacionais ao longo do tempo, desde o século XII até o início do século XXI. É importante que o aluno estabeleça correlações que considerem uma experiência ou vivência educacional própria.

# CAPÍTULO 2

QUESTÕES PARA REVISÃO

1. d
2. b
3. e
4. O design instrucional fixo ou fechado conta com conteúdos bem estruturados e o produto resultante é fechado e inalterável. Nele, os alunos interagem de forma individual com os conteúdos. Já no design instrucional aberto, valoriza-se a interação entre os participantes e os conteúdos e materiais podem ser alterados ou adaptados ao longo do tempo, de acordo com as necessidades de aprendizagem.

5. O design instrucional contextualizado é dinâmico e preza pelo equilíbrio entre o uso da automação, da personalização e da contextualização, além de utilizar ferramentas da *web* 2.0. Todas as operações no processo ocorrem de forma recursiva, aprimorando o conteúdo por meio da análise e do levantamento das necessidades de aprendizagem com o passar dos anos. Há participação ativa dos alunos na definição ou redefinição dos objetivos e na seleção de estratégias de aprendizagem e avaliação.

QUESTÃO PARA REFLEXÃO

1. O aluno deve elaborar um *checklist* personalizado baseado no Quadro 2.1 e, em seguida, fazer um texto após a análise do *checklist*, refletindo sobre seus pontos fortes e fracos. Além disso, espera-se que ele aponte soluções/caminhos para superar os pontos fracos.

# CAPÍTULO 3

QUESTÕES PARA REVISÃO

1. c
2. d
3. b
4. Os quatro grandes blocos são: (i) introdução; (ii) processo; (iii) conclusão; e (iv) avaliação. Na introdução, deve-se cativar a atenção do aluno, apresentar uma visão geral e os objetivos de aprendizagem da unidade. Por sua vez, durante o processo, os conhecimentos necessários para o desenvolvimento da unidade são recuperados e exemplos e informações complementares são fornecidos. Além disso, é interessante propor e orientar atividades práticas com base em estratégias de aprendizagem, além de oferecer *feedback* constante sobre o progresso do aluno. Na conclusão, o conteúdo é revisado e sintetizado. Por fim, na avaliação, por meio de instrumentos próprios, faz-se a avaliação da aprendizagem e das necessidades de complementá-la, caso necessário.

5. Modo linear: os módulos são apresentados em uma sequência lógica, sendo que o o aluno deve finalizar um módulo para iniciar o outro. Modo agrupado: os módulos não têm uma ordem predefinida, isto é, o aluno pode iniciar em qualquer um, mas é preciso cumprir um número mínimo de módulos para concluir o curso/treinamento.

QUESTÃO PARA REFLEXÃO

1. A resposta deve conter um objetivo de aprendizagem relacionado ao tema proposto para a unidade "técnicas de animação 2D" que contemple um dos verbos do nível cognitivo "criar" da taxionomia de Bloom: *elaborar, desenhar, produzir, prototipar, traçar, idear, inventar.*

## CAPÍTULO 4

QUESTÕES PARA REVISÃO

1. e
2. c
3. a

4. Os sons diegéticos são aqueles ouvidos tanto pelos personagens quanto pela audiência e têm sua fonte sonora na cena. Já os não diegéticos são ouvidos exclusivamente pela audiência e não têm origem na cena.

5. São oito princípios básicos: considerar a estrutura dos cursos e sua proposta pedagógica; estabelecer uma relação dialógica na linguagem textual; informar constantemente o aluno sobre os objetivos a serem cumpridos; criar *layouts* amigáveis e cativantes; recorrer a ilustrações como mobilizadoras cognitivas e balizadoras de trajetória/navegação; considerar o nível de conhecimentos e as necessidades dos alunos; trabalhar com equipes multidisciplinares adequadas à produção do curso/da disciplina; e fornecer *feedback* constante aos alunos.

QUESTÃO PARA REFLEXÃO

1. Espera-se que o aluno reflita acerca das questões referentes à sua autonomia e autoaprendizagem

e que considere a importância de explorar outras mídias como fontes de recursos de aprendizagem. Também é interessante que ele apresente um exemplo de como recorrer a tais mídias.

## CAPÍTULO 5

QUESTÕES PARA REVISÃO

1. a
2. b
3. e
4. No primeiro nível, há apenas uma maneira de entrar em contato com o desenvolvedor do material; no segundo nível, o usuário tem a possibilidade de personalizar o material e recursos multimídia são utilizados; já no terceiro nível, ocorre o intercâmbio de informações entre o usuário e o próprio produto multimídia.
5. *Link*, conteúdo, roteiro, não linearidade, interatividade, hipermídia, interface e tecnologia.

QUESTÃO PARA REFLEXÃO

1. A resposta deve contemplar uma análise referenciada do tipo de gráfico e de sua função (representacional, organizacional, interpretativo, transformacional ou relacional), estabelecendo relações entre o tipo de conteúdo e sua função no contexto apresentado.

## CAPÍTULO 6

QUESTÕES PARA REVISÃO

1. e
2. b
3. a
4. Nessa etapa, ocorre uma reunião de *briefing* com a equipe multidisciplinar. Com base nos pressupostos teóricos, define-se o tipo de animação, o público-alvo, o objetivo educacional e o conteúdo a ser aplicado na animação proposta como objeto educacional. Considerando as definições e delimitações impostas, são criados o *storyline* ou *logline* e o roteiro com elementos

específicos ao propósito educacional da animação. Nessa etapa, ainda são elaborados os personagens e o *storyboard*.

5. Melhora as habilidades e o conhecimento; promove maior engajamento do aluno na atividade; enfatiza o aprendizado de conteúdos específicos; permite uma aprendizagem experiencial e interativa; estimula a criatividade e a imaginação do estudante; é acessível por meio de diferentes dispositivos.

parabólicos. Um exemplo de *logline* pode ser este: *Um foguete tripulado com pessoas comuns é lançado ao espaço; o módulo da nave se desprende do foguete principal e cai em queda livre para retornar à Terra e o foguete principal retorna a sua base.*

QUESTÃO PARA REFLEXÃO

1. A resposta deve apresentar um *logline* (em torno de 1 ou 2 linhas) para uma animação relacionada a um fenômeno dinâmico, impossível de ser realizado em uma situação normal de aprendizagem – por exemplo, uma simulação animada do lançamento de um foguete espacial e o desenvolvimento de suas trajetórias, representando os conceitos abstratos referentes aos movimentos

# SOBRE O AUTOR

Jorge Luiz Kimieck é mestre em Tecnologia – Educação Tecnológica pela Universidade Tecnológica Federal do Paraná (UTFPR). É arte-educador formado pela Faculdade de Educação Musical do Paraná (Femp), atual Faculdade de Artes do Paraná/ Universidade Estadual do Paraná (FAP/Unespar), e especialista em ensino superior pelo Instituto Brasileiro de Pós-Graduação e Extensão (Ibpex). Foi docente nos ensinos fundamental, médio e superior e na pós-graduação com foco em tecnologias educacionais. Atuou como assessor técnico na Secretaria de Estado da Educação e do Esporte do Paraná (Seed/PR) na capacitação de professores em tecnologias educacionais e na implantação do Programa Nacional de Informática na Educação (Proinfo) no Estado do Paraná. Foi docente dos cursos de Pedagogia, Arquitetura e Urbanismo, Design, Publicidade e Propaganda e Jornalismo pelo Centro Universitário UniBrasil, onde também foi coordenador do Núcleo de Comunicação e editor da *Revista Cadernos da Escola de Comunicação*. Foi assessor técnico na criação de conteúdos EaD para a Universidade Concessionário do Futuro – Federação Nacional da Distribuição de Veículos Automotores/Instituto Superior de Administração e Economia/Fundação Getúlio Vargas (Fenabrave/Isae/FGV). É professor-autor e conteudista de material didático para EaD para a editora Inteligência Educacional e Sistemas de Ensino (Iesde) e para o Centro Universitário Internacional Uninter, onde também atua como professor externo nos cursos de Design.

Os papéis utilizados neste livro, certificados por instituições ambientais competentes, são recicláveis, provenientes de fontes renováveis e, portanto, um meio responsável e natural de informação e conhecimento.

**FSC**
www.fsc.org
**MISTO**
Papel | Apoiando
o manejo florestal
responsável
**FSC® C103535**

❋

Os livros direcionados ao campo do Design são diagramados com famílias tipográficas históricas. Neste volume foram utilizadas a **Sabon** – criada em 1967 pelo alemão Jan Tschichold sob encomenda de um grupo de impressores que queriam uma fonte padronizada para composição manual, linotipia e fotocomposição – e a **Myriad** – desenhada pelos americanos Robert Slimbach e Carol Twombly como uma fonte neutra e de uso geral para a Adobe.

Impressão: Reproset